Quand les chefs rentrent à la maison

Rémi Dechambre
Rédaction des contenus thématiques Clément Saliou

Quand les chefs rentrent à la maison

80 CHEFS EMBLÉMATIQUES
vous invitent
chez eux !

LAROUSSE Le Parisien week-end

Goûter, déguster, savourer...

Les plaisirs de la table sont infinis et les mots pour les décrire éminemment sensuels. Les Français aiment manger et parler de ce qu'ils mangent. C'est un fait incontestable et reconnu dans le monde entier. Mais les Français aiment aussi cuisiner. Inspirés par les émissions à succès, de *MasterChef* à *Top Chef*, du *Meilleur Pâtissier* à *Petits Plats en équilibre*, les amateurs sont toujours plus nombreux à passer derrière les fourneaux, osant des associations de saveurs, jouant des textures, des assaisonnements et des parfums pour régaler leurs proches, à la manière des grands chefs. Avec inspiration, audace et plaisir.

Ces trois mots sont aussi ceux qui guident notre travail au *Parisien Week-end*. Avec un objectif : offrir à nos lecteurs une parenthèse dans le rythme effréné de l'actualité, et les aider à profiter au mieux de leur week-end.

Chaque vendredi, notre magazine vous propose ainsi des idées de sorties culturelles, de balades originales, de voyages... à faire en solo, en duo ou en famille, des adresses de restaurants, de boutiques de déco, des conseils de lecture, ainsi que des histoires émouvantes, surprenantes, toujours captivantes. Et, pour se ressourcer, quoi de plus indiqué qu'un moment de convivialité autour de mets délicieux ?

Avec notre journaliste Rémi Dechambre, nous avons rencontré les plus grands cuisiniers du pays : d'Anne-Sophie Pic à Alain Ducasse, de Guy Savoy à Pierre Gagnaire en passant par Nina Métayer et bien d'autres. Nous leur avons demandé de nous confier une recette, celle qu'ils réalisent à la maison, pour leurs proches. Sans piano de cuisine ni commis, en solo tout simplement.

Toutes ces recettes ont été publiées dans les pages du *Parisien Week-end* et sont aujourd'hui réunies dans ce livre initié par les éditions Larousse. Nul besoin de talent particulier pour les réaliser, nous les avons voulues accessibles à tous. Nous les avons donc exécutées nous-mêmes, dans des conditions réelles avec les ustensiles dont chacun dispose, les ingrédients du marché et du supermarché, puis nous les avons photographiées dans notre cuisine. Le résultat est une ode à la gastronomie, une invitation à la dégustation et au partage.

Régalez-vous !

Christine Monin

DIRECTRICE DE LA RÉDACTION DU *PARISIEN WEEK-END*

Des recettes de grands chefs, vraiment pour tout le monde.

Pour ce livre, réalisé à partir de ma rubrique du *Parisien Week-end*, j'ai rencontré nos plus grands chefs afin qu'ils me confient leurs recettes personnelles préférées, celles, toutes simples, qu'ils aiment faire une fois rentrés à la maison.

Au fil de ces rendez-vous, j'ai découvert que tous se prêtaient avec d'autant plus de plaisir à cet exercice que la plupart de leurs recettes racontent quelque chose de personnel. Cyril Lignac me confie que son pain perdu est sa botte secrète quand il doit préparer un dessert pour des amis qui passent à l'improviste. À Shanghai, Paul Pairet me parle de sa vie en Chine et donne une petite note locale à son carpaccio de Saint-Jacques qu'il assaisonne d'un peu de sauce soja. Un autre jour, Stéphanie Le Quellec me raconte, avec une émotion non feinte, à quel point la cuisine est l'élément fédérateur dans sa famille, à l'image de son pot-au-feu autour duquel elle la réunit le dimanche…

Il est aussi très vite apparu que ces grands noms de la cuisine ont en commun la passion des beaux produits. C'est d'ailleurs souvent en découvrant les bonnes affaires du moment, en termes de rapport qualité-prix, que leur vient l'idée du menu du jour aussi bien dans leurs restaurants qu'à la maison. Des recommandations inspirantes qui nous ont permis d'enrichir ce livre de précieuses pages pour bien acheter sa viande, sa volaille ou son poisson ; mais aussi pour en savoir plus sur certains produits comme les légumineuses, auxquelles on ne pense pas assez, ou le poulpe, pas si difficile à préparer. Cela, bien sûr, sans oublier les becs sucrés qui se délecteront des petites histoires de nos grandes pâtisseries ou deviendront incollables sur les gaufres de Lille, de Liège ou de Bruxelles…

Enfin, si certaines de ces recettes comportent de petites astuces ou des tours de main très faciles, j'ai souhaité m'assurer qu'elles soient effectivement à la portée de toutes et tous. Pour cela, lors de la réalisation des photos qui illustrent ce livre, elles ont été testées sans que les chefs qui nous les ont livrées ne soient présents. Et c'est sans doute la plus belle preuve que ces recettes de grands chefs sont vraiment pour tout le monde.

À vous de jouer !

Rémi Dechambre

JOURNALISTE AU PARISIEN WEEK-END

Le confident des chefs

Rémi Dechambre est journaliste et critique gastronomique. Pendant cinq ans, plus de deux cents chefs célèbres lui ont livré, pour *Le Parisien Week-end*, les recettes faciles qu'ils aiment faire chez eux. Chaque vendredi, on retrouve aussi, dans le magazine, ses bonnes adresses gourmandes du moment.

Sommaire

Viandes

Volailles

Poissons

Coquillages et crustacés

Plats végétariens

Desserts

Viandes

RECETTE POUR	PRÉPARATION	CUISSON
6 PERSONNES	25 MINUTES	3 HEURES 15

Le pot-au-feu

de Stéphanie Le Quellec

INGRÉDIENTS

2 joues de bœuf
1 kg de paleron
1 kg de plat de côte
300 g de queue de bœuf
6 os à moelle
6 carottes des sables
6 navets
1 branche de céleri
6 pommes de terre
½ chou vert
½ céleri-rave
2 poireaux
4 clous de girofle
1 oignon
1 bouquet garni
3 gousses d'ail
Gros sel
Fleur de sel
10 grains de poivre

1 Épluchez mais laissez entiers les carottes, les navets, la branche de céleri et les pommes de terre. Coupez le chou vert et le céleri-rave en trois morceaux et les poireaux en trois tronçons. Piquez les clous de girofle dans l'oignon.

2 Mettez les morceaux de viande dans un grand faitout, et couvrez d'eau froide à 1,5 fois la hauteur. Portez à ébullition et retirez les impuretés, répétez deux ou trois fois l'opération durant 10 min. Baissez le feu, puis ajoutez le bouquet garni, les gousses d'ail et tous les légumes, sauf les pommes de terre. Assaisonnez d'une poignée de gros sel et des grains de poivre. Laissez cuire 2 h 30 à feu très doux. Ajoutez les pommes de terre, puis les os à moelle et faites cuire 30 min supplémentaires.

3 Filtrez le bouillon et rectifiez son assaisonnement. Accompagnez la viande et les légumes de pain toasté, moutarde, fleur de sel et poivre ainsi que d'un bol de bouillon.

Sur le devant de la scène

Gagnante de la saison 2 de *Top Chef* en 2011 et désormais membre du jury de l'émission, **Stéphanie Le Quellec** est aujourd'hui à la tête de sa table doublement étoilée La Scène (Paris 8e). Elle a parallèlement lancé MAM (Paris 17e), où on trouve petits plats, pâtisseries, épicerie, ou encore vins à emporter ; ainsi, qu'avec son mari David en cuisine, la table marine Vive, Maison Mer (Paris 17e).

Trois vins pour le bon accord

UN SANTENAY
Ce pinot noir produit en Bourgogne est un vin de garde qui, en bouche, se révèle gourmand et frais.
Cuvée Le Temps des Cerises, domaine Antoine Olivier, à partir de 28 €.

UN MARANGES
Ce rouge au tanin souple provenant du sud de la côte de Beaune se marie à merveille avec le pot-au-feu.
Maranges vieilles vignes, domaine Thierry et Pascale Matrot, à partir de 25 €.

UN PINOT NOIR
Produit près des vignes de Nuits-Saint-Georges, ce vin de plaisir immédiat est d'un excellent rapport qualité-prix.
Bourgogne pinot noir, domaine Lécheneaut, à partir de 17,50 €.

RECETTE POUR

6 PERSONNES

PRÉPARATION

20 MINUTES

CUISSON

1 HEURE 30

La carbonade flamande

de Ghislaine Arabian

INGRÉDIENTS

1,2 kg de joue de veau en morceaux
50 g de beurre + 1 morceau
2 gros oignons
4 grosses carottes
50 cl de bière d'abbaye
2 branches de thym
2 feuilles de laurier
3 gousses d'ail
1 l de fond de veau
4 tranches de pain d'épices
30 g de moutarde de Dijon
50 g de chocolat noir à 70 %
20 g de persil
3 endives
Le jus de 1 citron
Sel, poivre

1 Dans une sauteuse, faites fondre les 50 g de beurre. Mettez ensuite à colorer à feu vif les morceaux de joue de veau. Réservez-les. Répétez l'opération avec les oignons émincés et les carottes coupées en grosses rondelles. Lorsqu'ils sont colorés, remettez la viande, ajoutez la bière et faites réduire de moitié. Salez et poivrez. Ajoutez le thym, le laurier, les gousses d'ail entières, puis le fond de veau. Laissez cuire à feu doux.

2 Au bout de 1 h, ajoutez le pain d'épices en petits morceaux et la moutarde. Prolongez la cuisson 15 min. S'il y a trop de jus, faites réduire à nouveau. Ajoutez le chocolat, laissez-le fondre. Rectifiez l'assaisonnement et ajoutez le persil haché.

3 Dans une sauteuse, faites colorer les endives entières dans le morceau de beurre. Salez et ajoutez le jus du citron. Couvrez et laissez cuire selon la grosseur des endives. Poivrez en fin de cuisson.

4 Servez le veau avec les endives.

La ch'tite devenue grande

Si son tempérament volcanique a contribué à sa notoriété quand elle était membre du jury de *Top Chef*, cette cuisinière de choc a surtout été la première femme à décrocher deux étoiles quand elle officiait au célèbre restaurant Pavillon Ledoyen (Paris 8e). Aujourd'hui, **Ghislaine Arabian** porte haut les couleurs d'une cuisine inspirée par ses origines nordistes.

Trois bouteilles pour le bon accord

UN CÔTES-DU-RHÔNE
Ce rouge, à base de grenache, syrah et une pointe de mourvèdre, est léger et gourmand. Ce domaine bio est apprécié de Ghislaine Arabian.
Cuvée Style rouge, domaine Corinne Depeyre, à partir de 9,50 €.

UNE BIÈRE
Impossible de choisir une autre bière que la 3 Monts. Elle est fabriquée de manière ancestrale dans les Flandres à partir d'un houblon du cru.
Brasserie 3 Monts, à partir de 3,90 € (en supermarché ou sur Internet).

UN VIN D'ARBOIS
Produit dans le nord du Jura, ce vin rouge étonne par sa fraîcheur fruitée, ses tanins soyeux et ses notes de poivre. Il se garde de dix à quinze ans !
Cuvée Arbois Trousseau, domaine Rolet Père & Fils, à partir de 17 €.

Ça mijote !

Qui ne se souvient pas de ces petits plats mijotant sur le feu qui, le dimanche, embaument toute la maison ? Il y a de quoi en avoir l'eau à la bouche ! Vous êtes sur le point d'en apprendre plus sur leur histoire, intimement liée aux traditions et aux évolutions des modes de vie au cours des siècles.

LE POT-AU-FEU ET LES BOUILLONS PARISIENS

Le pot-au-feu tel que présenté aujourd'hui vient en fait d'une manière très récente de le servir (années 1930). Si l'habitude de faire mijoter ensemble viandes et légumes dans de l'eau est très ancienne, ce qui a d'abord intéressé dans ce plat, c'est son bouillon !
Évidemment, on ne jette pas la viande du pot-au-feu… On l'apprête plutôt en miroton avec des oignons, du beurre et de la chapelure.
Mais le bouillon si délicieux de notre pot-au-feu est tout de même à l'origine de la vogue des bouillons parisiens : il en existait près de quatre cents enseignes à la fin du XIXe siècle, l'un des seuls survivants de cette époque étant désormais Chartier.

LA POULE AU POT D'HENRI IV

« Si Dieu me donne encore de la vie, je ferai qu'il n'y aura point de laboureur en mon royaume qui n'ait moyen d'avoir une poule dans son pot ». C'est ce qu'aurait prononcé un jour Henri IV, mais cette phrase n'apparaît qu'en 1661, bien longtemps après sa mort, et il en existe plusieurs variantes. Reprises à toutes les époques, elles démontrent l'importance de ce plat dans la culture gastronomique française.
Même si l'on retrouve cette recette dans de nombreuses régions, la poule au pot à la béarnaise met à l'honneur la région d'origine du « Vert Galant ».

L'alicuit gersois

Cette recette est parfaite pour cuisiner tous les morceaux de volaille les moins nobles (les abattis : tête, aile, cou, foie, etc.). Il s'agit de faire mijoter tous les morceaux osseux avec des oignons et des carottes, puis d'ajouter en fin de cuisson les abats (foie, gésiers).

22, v'là les flics !

Les ingrédients du bœuf à la mode ne sont pas sans rappeler le surnom de la police des polices (l'IGPN), les « bœufs-carottes ». Pour autant, l'origine de cette appellation demeure obscure : pour certains, elle viendrait du fait que ses inspecteurs laissent mijoter longuement les personnes qu'ils interrogent... ou cuisinent !

LE BŒUF À LA MODE : UN INTEMPOREL

Le *Dictionnaire universel de Furetière* évoque déjà en 1690 une recette de bœuf à la mode, « à la mode » signifiant que la viande est préparée selon la recette propre à l'établissement (de nos jours, c'est un plat à base de bœuf et de carottes mijotés ensemble). Mais cette dénomination inspira visiblement un certain Tissot, le repreneur du restaurant fondé par des frères marseillais près du Palais-Royal en 1792, qu'il baptisa le Bœuf à la mode.

LE LAPIN AUX PRUNEAUX : STAR DU LUNDI PERDU

C'est une tradition qui a lieu en Belgique à la frontière franco-belge, à Tournai – elle a peut-être été un temps suivie à Lille et à Douai aussi. Le Lundi perdu (c'est-à-dire le lundi qui suit l'Épiphanie), il est de coutume de manger du lapin à la tournaisienne – autrement dit un lapin aux pruneaux ou aux raisins. Cette journée est une sorte de troisième réveillon pour les Tournaisiens (« lundi perdu » signifiant qu'on ne travaille pas). Le repas commence par le tirage des « billets des rois », des petits papiers sur lesquels sont inscrits les rôles (roi, médecin, conseiller, portier, verseur...) attribués à chaque convive : ainsi, au cours du repas, chaque fois que le roi boira, les convives devront boire aussi. Outre le lapin, le repas traditionnel se compose d'une petite saucisse en entrée, d'une salade tournaisienne et d'une galette en dessert.

LA CARBONADE FLAMANDE : LE CHARBON DU NORD

« Carbonade » est de la même famille que « carboniser » : ce n'est pas pour autant qu'il s'agit d'un plat de viande trop cuite ! L'appellation de ce plat est peut-être à rapprocher du mot « charbon », combustible que l'on trouvait en abondance dans la région et sur lequel on laissait mijoter le bœuf. La carbonade peut aussi désigner une étape de la recette car il faut d'abord faire griller (au charbon, mais « de bois ») la viande avant de la mettre à mitonner. En tout état de cause, les ingrédients de la carbonade flamande sont un vrai concentré du Nord : bière et parfois vergeoise.

Des pots qui dépotent : bien choisir sa cocotte !

Pot-au-feu, potée, hochepot, poule au pot, potage, pot-bouille, popote… tous ces noms dérivent du contenant qui sert à faire mijoter un plat. C'est dire à quel point ce « pot » est d'une importance cruciale dans la cuisine. Mais quel plat choisir : rond, ovale, rectangulaire, en fonte, en terre cuite, en céramique, en verre, en cuivre ? Un petit tour d'horizon s'impose pour bien choisir sa cocotte !

Le dico cocotte !

LUTER UNE COCOTTE

Il s'agit de rendre hermétique la cocotte en appliquant entre le couvercle et le corps une pâte réalisée à base d'eau, de sel, de blanc d'œuf et de farine.

PENDRE LA CRÉMAILLÈRE

Traditionnellement, c'était le dernier élément installé lors d'un emménagement, qui inaugurait la vie dans le foyer. À cette occasion, les proches étaient invités pour fêter cet événement.

LE COUVERCLE

La première chose importante dans le choix d'une cocotte est la présence d'un couvercle adapté car le principe du mijotage est de cuire longtemps en évitant l'évaporation trop rapide des liquides de la préparation.

COCOTTE RONDE OU OVALE ?

C'est l'usage principal du récipient qui devra guider le choix de sa forme.

D'abord, s'il est destiné à réaliser des plats typiques associé à des contenants spécifiques, il faudra se tourner vers eux : un baeckeoffe (plat de bœuf alsacien) est traditionnellement cuisiné dans un plat en terre cuite de forme ovale ; tandis que la cassole, avec sa forme conique caractéristique, est recommandée pour le cassoulet (logique : le contenant a donné son nom au plat !).

Ensuite, de manière générale, la forme ovale est moins pratique pour répartir les ingrédients uniformément, mais elle convient mieux que la forme ronde quand il s'agit de faire cuire des poissons entiers, du lapin ou un rôti.

Enfin, selon que l'on utilise le four, la cuisinière ou la cheminée, le choix de la forme de la cocotte a son importance. Les ingrédients d'une cocotte de forme ovale chaufferont de manière inégale sur un feu de cuisinière et il faudra sans cesse les remuer. À l'inverse, pour de bons plats en sauce (bœuf bourguignon, blanquette, pot-au-feu…), la forme ronde est sans doute la meilleure option pour une cuisson homogène. Quant à la cuisson à la cheminée, il faudra s'assurer que la cocotte est bien munie d'une anse pour la suspendre à la crémaillère.

QUELLE MATIÈRE CHOISIR ?

POUR BIEN CONDUIRE LA CHALEUR

La grande différence entre un contenant en terre cuite (ou en céramique) et un récipient en métal, c'est la vitesse à laquelle ils diffusent la chaleur aux aliments. Le métal (fonte, aluminium, cuivre, etc.) conduit très bien la chaleur tandis que la terre cuite la diffuse beaucoup plus lentement.

À l'inverse, la chaleur partira plus vite d'un plat en métal que d'un plat en terre cuite une fois hors du feu. Le choix de la matière de la cocotte dépendra donc de la façon dont on cuisine : un mijotage plus ou moins long, des ingrédients ayant besoin ou non de monter très vite en température.

LA COMPATIBILITÉ AUX FEUX

Le choix de la matière revêt une importance primordiale quand l'on possède une cuisinière à induction : la plupart des cocottes en fonte sont compatibles avec celle-ci, à l'inverse des cocottes en terre ou en verre.

POUR GARDER UN ŒIL SUR SA CUISSON

Si elle est moins traditionnelle, la cocotte en verre offre l'avantage d'être transparente, donc de permettre de surveiller la cuisson sans à avoir à retirer le couvercle, et est fabriquée dans un matériau non poreux qui ne gardera pas les odeurs des aliments précédemment mijotés.

AUTRES USTENSILES INDISPENSABLES AU MIJOTAGE

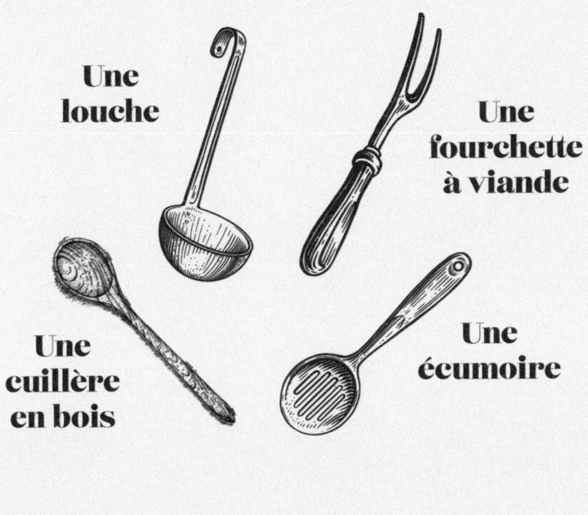

Pourquoi un plat mijoté est-il encore meilleur le lendemain ?

C'est une question d'osmose des saveurs. Plus les aliments vont rester au contact les uns des autres, plus leurs saveurs vont se mélanger et s'allier pour en former de nouvelles. Il faut donc du temps (et des matières grasses, car c'est en partie elles qui retiennent les saveurs dans un plat). Même quand le plat est retiré du feu, les échanges de saveurs continuent !

Pour un plat mijoté réussi

1

Ne taillez pas trop fin vos légumes pour éviter qu'ils se délitent à la cuisson.

2

Respectez un ordre lors de la disposition des ingrédients dans la cocotte : les légumes racines (navets, carottes, pommes de terre…) au fond, les viandes au-dessus, les légumes les plus tendres et fragiles en dernier.

3

Vous n'êtes pas obligé de mettre tous les ingrédients en même temps, certains peuvent être rajoutés en cours de cuisson (notamment les légumes fragiles), mais les aromates et les gros morceaux doivent être mis en premiers.

4

Colorez bien la viande à feu vif avant de la cuire doucement ensuite. Les sucs de cuisson (décollés grâce à un déglaçage) ne rendront votre plat que meilleur.

RECETTE POUR	PRÉPARATION	CUISSON
4 À 6 PERSONNES	30 MINUTES	40 MINUTES

Le hachis parmentier

de Frédéric Larquemin

INGRÉDIENTS

500 g de bœuf haché
1 kg de pommes de terre
1 oignon blanc
2 gousses d'ail
1 échalote
1 carotte
75 g de beurre demi-sel + 3 ou 4 noisettes
25 cl de lait entier
25 cl de crème d'Isigny
1 pincée de noix de muscade râpée
Pain rassis
Sel, poivre

1 Épluchez les pommes de terre et coupez-les en morceaux. Faites-les cuire à l'eau salée environ 30 min.

2 Ciselez l'oignon, l'ail et l'échalote. Épluchez et coupez la carotte en petits dés. Faites revenir la carotte dans 25 g de beurre 1 min, puis ajoutez l'oignon, l'ail et l'échalote. Laissez encore dorer 1 min. Rajoutez la viande sans la saisir. Salez, poivrez et laissez cuire 10 min en remuant.

3 Une fois les pommes de terre cuites, passez-les au presse-purée et mélangez-les avec 50 g de beurre, le lait et la crème. Ajoutez la noix de muscade râpée. Salez si nécessaire.

4 Disposez le hachis dans un plat à gratin et recouvrez de purée. Passez le pain rassis au mixeur et saupoudrez-le sur la purée. Déposez les noisettes de beurre par-dessus. Passez au four à 220 °C durant 10 min pour faire dorer sous le gril.

Le chef du palais

Frédéric Larquemin est le chef de l'hôtel Trianon Palace, à Versailles (Yvelines). La carte du restaurant étoilé Gordon Ramsay au Trianon confiée sous sa direction au chef Gabriele Ravasio et au pâtissier Eddie Benghanem, propose des classiques revisités comme la bouchée à la reine mais aussi de belles créations à l'image de la langue de bœuf, ail noir, framboise et moutarde.

RECETTE POUR	PRÉPARATION	CUISSON	REPOS
4 PERSONNES	40 MINUTES	35 MINUTES	24 HEURES 20

La côte de bœuf, panisse et olives

de Tomy Gousset

INGRÉDIENTS

1 côte de bœuf (1,5 kg)
2 l de bouillon de volaille
500 g de farine de pois chiches
Huile d'olive
Huile de friture
1 botte de ciboulette
1 branche de thym
1 gousse d'ail
50 g de beurre
Quelques olives noires
Fleur de sel
Sel, poivre

LA PANISSE

1 La veille, dans une casserole, faites chauffer le bouillon de volaille. Ajoutez-y la farine de pois chiches et remuez au fouet pendant 15 min à feux doux, pour épaissir. Assaisonnez avec de l'huile d'olive, du sel et du poivre. Versez la pâte obtenue sur une plaque ou dans un plat rectangulaire, sur une épaisseur de 2 cm. Réservez 24 h au frais.

2 Le jour même, faites chauffer l'huile de friture à 180 °C. Taillez la pâte en frites de 7 x 2 cm. Faites-les frire, puis épongez sur un papier absorbant. Parsemez de fleur de sel et de ciboulette ciselée.

LA CÔTE DE BŒUF

3 Sortez la viande 2 h à l'avance. Poivrez et salez des deux côtés.

4 Préchauffez le four à 190 °C. Poêlez la côte à l'huile d'olive fumante, 5 min par face. Ajoutez le thym et l'ail écrasé, puis enfournez pour 20 min, en tournant la côte à mi-cuisson. Couvrez et laissez reposer 20 min à température ambiante.

5 Avant de servir, poêlez la viande au beurre mousseux. Arrosez-la avec le beurre, parsemez-la de fleur de sel et coupez-la. Servez avec la panisse et un mélange d'olives en lamelles et de ciboulette ciselée.

Le bistronome étoilé

Passé par les cuisines du célèbre restaurant Taillevent, du chef Yannick Alléno et de Daniel Boulud à New York, lorsqu'il a ouvert en 2016 son restaurant Tomy & co (Paris 7e), **Tomy Gousset** a tout de suite cumulé les récompenses, jusqu'à ce que sa cuisine ultra-gourmande lui valle une étoile au guide Michelin.

Trois vins pour le bon accord

UN DÃO
Ce rouge portugais est réputé pour sa minéralité et ses arômes de fruits des bois. Il est délicat et tendu.
Cuvée Vinhas velhas, domaine Antonio Madeira, à partir de 29 €.

UN CÔTES-DE-PROVENCE
Un rouge subtil, à base de mourvèdre, syrah et grenache. Un vin aux tanins soyeux idéal avec une côte de bœuf.
Cuvée Le Chemin 2021, clos de L'Ours, à partir de 25 €.

UN CORNAS
Confectionné près de Valence, ce vin rouge des rives du Rhône, généreux, conjugue fraîcheur et notes de fruits noirs.
Domaine Johann Michel, à partir de 31 €.

RECETTE POUR	PRÉPARATION	CUISSON
4 PERSONNES	40 MINUTES	45 MINUTES

Les côtes de veau
au cidre

de Jacques Maximin

INGRÉDIENTS

1 carré de côtes de veau (1 kg)
200 g de beurre
4 artichauts poivrade
200 g de pommes de terre grenailles
500 g de fèves
500 g de petits pois
8 oignons grelots
4 petits navets
4 petites carottes fanes
4 asperges blanches
1 botte de radis ronds
1 botte de jeunes cébettes
1 cœur de laitue
75 cl de cidre
1 feuille de laurier
2 gousses d'ail
Sel, poivre

1 Colorez le carré de veau dans une poêle avec du beurre, puis mettez-le de côté.

2 Coupez les artichauts en deux et colorez-les avec les pommes de terre dans une poêle beurrée. Plongez les autres légumes (entiers) 2 min dans une casserole d'eau bouillante bien salée, puis plongez-les dans de l'eau glacée avant de les disposer sur un torchon.

3 Dans une casserole, versez le cidre et faites-le réduire de moitié avec le laurier et l'ail.

4 Préchauffez le four à 180 °C. Disposez harmonieusement tous les légumes au fond d'une cocotte avec le cœur de laitue au centre, posez le carré de veau sur la laitue, versez le cidre réduit et couvrez.

5 Faites cuire 45 min au four pour une cuisson rosée. Servez aussitôt.

Le mythe

Jacques Maximin est une icône ! Son ami Alain Ducasse le décrit en « génie créatif, insolent et provocant ». D'ailleurs, sa recette de courgette-fleur aux truffes, créée au Negresco, à Nice (Alpes-Maritimes) en 1978, a marqué l'histoire de la cuisine ! Aujourd'hui, il se consacre à la formation et au conseil.

RECETTE POUR 4 PERSONNES | PRÉPARATION 25 MINUTES | CUISSON 2 HEURES 30

Les souris d'agneau braisées

de Guillaume Goupil

INGRÉDIENTS

4 souris d'agneau
200 g de carottes
200 g de navets boules d'or
1 oignon
1 gousse d'ail
3 cl d'huile d'olive
70 g de grué de cacao (éclats de fèves torréfiées et concassées)
4 branches de thym
50 cl de bouillon de légumes
25 cl de vin blanc sec
400 g de pommes de terre grenailles
40 g de miel liquide
Sel, poivre

1 Salez et poivrez les souris. Taillez les carottes et les navets en dés. Émincez finement l'oignon et la gousse d'ail. Dans une grande cocotte à fond épais, faites chauffer l'huile, puis colorez les souris d'agneau sur toutes les faces. Retirez la viande de la cocotte. Jetez la graisse de cuisson.

2 Mettez tous les légumes (sauf les pommes de terre) dans la cocotte et faites-les suer 10 min en mélangeant régulièrement. Ajoutez le grué (gardez-en un peu pour la fin) et le thym, puis remettez les souris dans la cocotte. Arrosez-les avec le bouillon et le vin blanc. Salez et poivrez. Couvrez et laissez cuire 2 h.

3 Ajoutez les pommes de terre 15 min avant la fin de la cuisson. Filtrez le jus, ajoutez le miel et laissez réduire 15 min à découvert. Parsemez les souris d'un peu de grué juste avant de servir avec les légumes et le jus.

L'étoile du Luberon

Après six années à Paris et un titre de Meilleur Ouvrier de France décroché en 2022, ce chef en pleine ascension s'emploie à magnifier les saveurs provençales au restaurant du domaine de Fontenilles (Lauris, Lubéron), Le Champ des Lunes. En mars 2024, **Guillaume Goupil** a réussi la performance d'y décrocher une étoile quelques mois seulement après son ouverture.

Trois vins pour le bon accord

UN BORDEAUX
Rond et suave avec des arômes de fruits rouges, il fait merveille avec une viande aussi goûteuse que l'agneau.
Mouton Cadet, Baron Philippe de Rothschild, à partir de 11 €.

UN PINOT NOIR
Ce vin alsacien velouté et délicatement boisé séduit grâce à un bel équilibre entre tanins et arômes de cerise.
Pinot noir élevé en fût de chêne, cave de Turckheim, à partir de 13,85 €.

UN ARBOIS
Tout en finesse et plein de caractère avec ses notes épicées et ses tanins fins, il est idéal avec les viandes.
Cuvée Poulsard vieilles vignes, domaine Rolet Père & Fils, à partir de 18,50 €.

RECETTE POUR	PRÉPARATION	MARINADE	CUISSON
4 PERSONNES	20 MINUTES	3 OU 4 JOURS	45 MINUTES

Le gigot d'agneau

de Christophe Moret

INGRÉDIENTS

1 petit gigot d'agneau (1,2 à 1,5 kg)
10 cl d'huile d'olive
3 gousses d'ail
2 branches de romarin
1 c. à café de curry

1 Préparez une huile épicée avec l'huile d'olive, l'ail, le romarin et le curry. Mixez le tout et passez la marinade au chinois. Badigeonnez et massez votre gigot avec cette huile, puis roulez-le dans un film alimentaire. Laissez-le mariner 3 ou 4 jours au frais.

2 Le jour même, préchauffez le four à 250 °C. Enfournez le gigot sur la plaque chaude durant 15 min, puis baissez le four à 200 °C. À mi-cuisson (comptez 15 min de cuisson pour 500 g de viande, soit au bout de 20 min pour une pièce de 1,2 kg), retournez le gigot.

3 En fin de cuisson, sortez-le et laissez-le reposer 15 min, couvert d'une feuille d'aluminium, pour que la chaleur se diffuse et que la viande se détende avant de le découper.

Le champenois d'adoption

Après avoir travaillé avec Alain Ducasse, puis décroché deux étoiles à la table gastronomique française du palace parisien Shangri-La (Paris 16e), **Christophe Moret** sublime le terroir champenois depuis qu'il s'est récemment installé à Reims (Marne) pour prendre la tête du restaurant gastronomique du Domaine des Crayères.

Aïe aïe aïe !

Originaires d'Amérique du Sud, poivrons et piments appartiennent tous au même genre de plantes (les *Capsicum*), mais, leur piquant (et leur goût) n'est pas le même d'une espèce à l'autre.

Pour évaluer le degré de cette sensation, Wilbur Scoville proposa en 1912 une échelle allant de 0 à 16 000 000 SHU (pour « *Scoville Heat Units* »). À 0 SHU, pas de trace de piquant, tandis qu'à 16 000 000 SHU… dites adieu à votre palais ! Voici le classement des poivrons et piments français sur cette échelle.

LES POIVRONS
(0 À 100 SHU)

Parmi les variétés anciennes de poivrons, souvent originaires d'Italie et d'Espagne, il existe quelques variétés françaises comme le doux de Valence, le petit marseillais, le très long des Landes : il faut bien des poivrons pour notre ratatouille et notre piperade ! Selon les variétés, le fruit est jaune ou rouge à maturité. Les poivrons verts ne sont en fait que des fruits pas encore mûrs (comme pour les piments d'ailleurs).

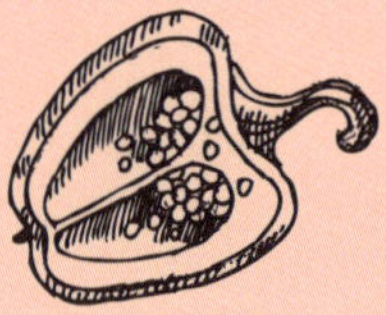

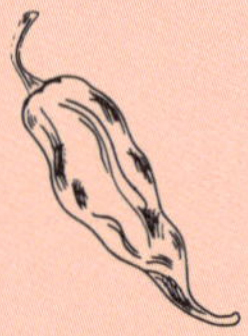

PIMENT VÉGÉTARIEN
(0 À 100 SHU)

Bien qu'il porte le nom de « piment » et qu'il soit de la même famille que le piment antillais, celui-ci ne pique pas du tout mais aromatise à merveille tous les plats par son goût puissant et riche.

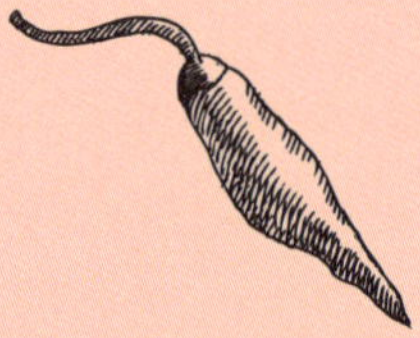

PIMENT D'ESPELETTE
(1 500 À 2 500 SHU)

C'est sans doute l'un des piments français les plus connus. Originaire du Pays basque et bénéficiant d'une AOP, on le retrouve dans de nombreuses préparations : chocolats, desserts, charcuteries, fromages, rhums arrangés, etc. Son goût caractéristique et son piquant présent, mais modéré, en font un allié idéal pour condimenter les plats avec une relative douceur.

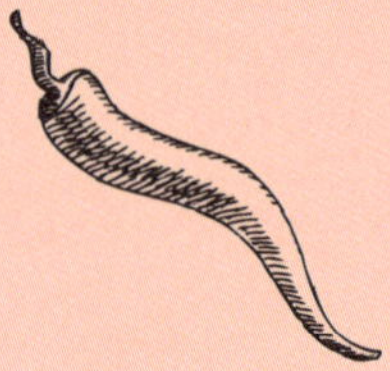

PIMENT DE CAYENNE
(30 000 À 50 000 SHU)

Ses autres noms sont « piment enragé » et « piment du diable », ce qui donne une idée de la force de ce piment même s'il ne fait pas partie des plus forts de la famille. Rouge et longiligne, c'est l'un des piments emblématiques des Antilles qui relève les plats de la cuisine créole, sans pour autant pousser le curseur du piquant dans les extrêmes.

PIMENTS CABRI ET ANTILLAIS

(ENTRE 100 000 ET 350 000 SHU)

Présents aussi bien à la Réunion (piment cabri) que dans les Antilles, ce sont des espèces très proches du piment habanero, longtemps considéré comme le piment le plus fort du monde. Autant dire qu'il faut savoir les cuisiner correctement pour ne pas rendre un plat immangeable. Piments phares de la cuisine créole, on les retrouve sous différentes formes, notamment la pâte de piment, pour parfumer les plats et préparations antillais et réunionnais : rougail, samoussas, sauce chien, colombo ou encore bonbons piments (une sorte de beignets salés).

PIMENT WIRI WIRI

(ENTRE 100 000 ET 150 000 SHU)

Cultivé en Guyane, ce piment ressemble à une cerise mais ne possède absolument pas sa douceur car sa force se rapproche de celle du piment antillais. Avec son léger goût de tomate, il peut remplacer le piment de Cayenne dans de nombreuses préparations créoles comme le colombo de porc ou le cassoulet guyanais.

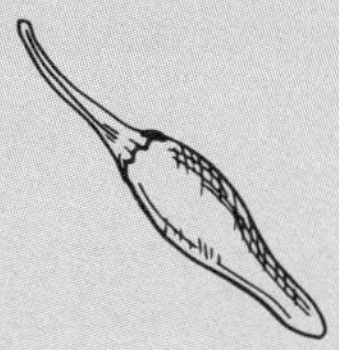

PIMENT OISEAU

(30 000 À 60 000 SHU)

Proche du piment de Cayenne, il est néanmoins plus petit (2 cm au lieu de 10 à 20 cm) et… un peu plus fort ! Appelé ainsi car les oiseaux s'en délectent et disséminent ses graines, ce piment marie puissance et arômes par sa longueur en bouche. On peut notamment l'utiliser pour réaliser une huile pimentée maison.

Il met le feu !

Sur l'échelle de Scoville, le degré le plus fort, 16 000 000 SHU, correspond à la capsaïcine pure, la molécule qui provoque la sensation de brûlure. Mais nous ne supporterions pas une telle sensation… Le piment qui détient le record selon ce classement, est le Pepper X, cultivé aux États-Unis :

2 690 000 SHU.

RECETTE POUR	PRÉPARATION	CUISSON
2 OU 3 PERSONNES	15 MINUTES	3 HEURES

L'épaule d'agneau de lait confite

de Sébastien Gravé

INGRÉDIENTS

1 épaule d'agneau de lait des Pyrénées non désossée (environ 1 kg)
2 c. à soupe de miel de châtaignier
4 échalotes grises
8 poivrons piquillos
2 gros oignons nouveaux
200 g de petites pommes de terre nouvelles
4 pièces de txistorra (sinon de chorizo ou de merguez de qualité)
Piment d'Espelette en poudre
Sel

1 Placez l'épaule d'agneau dans un plat allant au four. Badigeonnez-la de miel et assaisonnez-la de sel et piment. Répartissez autour les échalotes, les poivrons, les oignons et les pommes de terre avec la peau.

2 Ajoutez les txistorras et versez un verre d'eau dans le fond. Enfournez et laissez cuire le tout 3 h à 140 °C.

3 Mettez l'épaule dans un plat de service. Récupérez la garniture et répartissez-la harmonieusement autour. Servez-la accompagnée du jus de cuisson.

Le maître des saveurs basques

Longtemps un pied à Paris et un autre dans son Pays basque natal, il faut désormais faire escale à Bayonne pour découvrir la cuisine locale, généreuse et très bien faite de **Sébastien Gravé**. À sa carte, son cabillaud en voile de porc noir de Bigorre est un bel accord terre et mer qui résume bien la richesse culinaire de sa région.

Trois vins pour le bon accord

UN BLANC DOUX
Réalisé avec un cépage typique du Sud-Ouest, ce liquoreux révèle de puissantes notes de coing, d'agrumes et de cannelle.
Gouttes de Lune-petit manseng, domaine Les Remparts, à partir de 10 €

UN ROUGE
Le vin du Pays basque par excellence. Avec ses arômes de fruits mûrs, il est idéal pour accompagner un agneau de lait.
Domaine Abotia, à partir de 12 €.

UN BLANC FRAIS
Unique chardonnay produit dans les Landes, ce vin plein de fraîcheur sublime poissons et viandes tendres.
Cuvée Chardonnay des Landes, domaine de Laballe, à partir de 33 €.

RECETTE POUR	PRÉPARATION	CUISSON
6 PERSONNES	20 MINUTES	1 HEURE 30

Le lapin à la moutarde

de Virginie Basselot

INGRÉDIENTS
1 lapin (1,5 kg)
Farine
20 g de beurre
12 oignons grelots
50 cl de vin blanc
1 branche de thym
1 gousse d'ail
100 g de crème épaisse
30 g de moutarde de Dijon
30 g de moutarde de Meaux
300 g d'orecchiette
200 g d'oignons jaunes
100 g de lardons fumés
18 champignons de Paris bouton
1 barquette de cresson
Sel, poivre

1. Préchauffez le four à 180 °C. Taillez le lapin en morceaux, farinez-le, puis faites-le dorer dans une cocotte avec un peu de beurre. Ajoutez les oignons grelots. Quand ils sont bien colorés, ajoutez le vin blanc, le thym et l'ail émincé, puis portez à ébullition.
2. Couvrez et enfournez. Laissez mijoter 1 h à 1 h 15 en vérifiant la cuisson. Sortez les morceaux de lapin, filtrez la sauce, ajoutez la crème et les moutardes, salez et poivrez.
3. Mettez à cuire les orecchiette dans de l'eau bouillante salée en suivant les indications de l'emballage. Épluchez, puis faites compoter les oignons jaunes dans un peu de beurre, d'eau et de sel. Lorsqu'ils sont cuits, enlevez l'excédent d'eau si nécessaire. Ajoutez ensuite les lardons et les champignons. Quand la préparation commence à se colorer, ajoutez les orecchiette cuites et égouttées. Mélangez soigneusement. Servez avec le lapin et sa sauce, et décorez avec le cresson.

L'étoilée de la promenade des Anglais

Deuxième femme à devenir Meilleur Ouvrier de France en 2015, **Virginie Basselot** est, depuis 2018, à la tête des cuisines du Negresco, palace niçois emblématique (Alpes-Maritimes), où sa cuisine au restaurant Le Chantecler est couronnée d'une étoile.

Trois vins pour le bon accord

UN JURANÇON
Ce vin sec et vif révèle des notes poivrées, anisées et de fruits exotiques, et sa palette aromatique ravit les papilles.
Cuvée Geyser, domaine de Cauhapé, à partir de 13,20 €.

UN CORBIÈRES
Un blanc généreux aux notes douces de fleurs et de pêche blanche, dont la finale est onctueuse et opulente.
Cuvée prestige, château Ollieux Romanis, à partir de 25 €.

UN SAINT-PÉRAY
Fleuri et épicé, cet assemblage de cépages roussanne et marsanne allie finesse, rondeur et minéralité.
Cuvée Les Pins, domaine Bernard Gripa, à partir de 20 €.

RECETTE POUR
4 PERSONNES

PRÉPARATION
30 MINUTES

CUISSON
50 MINUTES

Le filet mignon de porc

d'Emmanuel Renaut

INGRÉDIENTS

700 g de filet mignon de porc
1 filet d'huile neutre
1 noix de beurre + 20 g
1 carotte
1 oignon
20 cl de porto
50 cl de fond de veau
200 g de champignons de Paris
1 cl de jus de citron
1 l de lait
Thym
250 g de polenta fine
200 g de tomme
20 cl de crème liquide
5 g de gros sel
Sel

1. Faites dorer le filet mignon de porc dans une cocotte avec un peu d'huile et la noix de beurre. Ôtez la viande, puis faites suer la carotte et l'oignon émincés. Déglacez-les au porto, réduisez et ajoutez le fond de veau. Laisser cuire 30 min.
2. Faites suer les champignons avec les 20 g de beurre. Assaisonnez avec du sel, le jus de citron et 1 c. à soupe d'eau. Couvrez et laissez cuire à feu doux 5 min.
3. Dans la cocotte, Ajoutez les champignons à la viande et faites cuire à feu doux 15 min.
4. Mettez le lait et le gros sel dans une casserole, puis portez à ébullition. Mettez à infuser du thym 5 min et filtrez. Portez de nouveau le lait à ébullition et ajoutez-y la polenta. Mélangez et faites cuire à feu doux jusqu'à ce que la polenta se détache des parois. Ajoutez la tomme râpée et la crème.
5. Servez le filet mignon aux champignons avec la polenta crémeuse.

L'étoilé des neiges

C'est le terroir savoyard qui inspire, dans une version épurée, la cuisine que ce Meilleur Ouvrier de France propose dans son restaurant triplement étoilé Flocons de Sel, à Megève (Haute-Savoie). Mais, à la maison ou dans son bistrot voisin, **Emmanuel Renaut** avoue aimer par-dessus tout les beaux plats familiaux à partager.

Trois vins pour le bon accord

UNE MONDEUSE
Ce vin rouge de Savoie, rond et épicé, a des parfums de guimauve, de fruits noirs et de violette.
Mondeuse d'Arbin, cuvée Avalanche La Blanche, domaine Fabien Trosset, à partir de 17 €.

UNE ROUSSETTE
Ce blanc de Savoie, élaboré par une famille de vignerons reconnus, est suave et chaleureux.
Altesse, domaine Blard & Fils, à partir de 14 €.

UN VIN DES ALLOBROGES
Ce très bon rouge est élaboré près de Chambéry (Savoie) à partir de gamay (80 %) et de persan (20 %).
Argile rouge, domaine des Ardoisières, à partir de 22 €.

E.P. ZINC ITALY

RECETTE POUR	PRÉPARATION	CUISSON	REPOS
6 PERSONNES	30 MINUTES	1 HEURE 50	30 MINUTES

Le carré de porc caramélisé

de Jean-Pierre Vigato

INGRÉDIENTS

1 carré de porc (1,5 kg)
4 clous de girofle
1 c. à soupe de jus de citron
1 c. à soupe de miel
1 c. à soupe de sauce soja
Quelques gousses d'ail
1 morceau de gingembre
2 feuilles de sauge
Sel, poivre

1 Préchauffez le four à 190 °C. Entaillez la graisse du carré de porc en dessinant des losanges au couteau. Salez, poivrez. Piquez le carré avec les clous de girofle. Enfournez pour 30 min.

2 Dans un bol, mélangez le jus de citron, le miel, la sauce soja, 1 gousse d'ail hachée finement, un peu de gingembre râpé et la sauge ciselée. Retournez le carré et badigeonnez-le avec ce mélange avant de poursuivre la cuisson. Répétez l'opération à 50 min et 1 h 10 de cuisson. Après 1 h 20, ajoutez des gousses d'ail dans le plat et laissez cuire encore 25 min.

3 Après cuisson, laissez reposer 30 min minimum. Retirez l'excédent de gras, ajoutez un verre d'eau dans le plat. Versez le jus et les gousses d'ail dans une casserole, réservez.

4 Au moment de passer à table, enfournez le carré dans un four à 260 °C pendant 5 à 10 min, et réchauffez la sauce.

Conseil du chef

En accompagnement, des endives braisées, une jardinière de légumes ou des pommes de terre nouvelles feront merveille.

Le généreux

Longtemps à la tête des cuisines du célèbre restaurant Apicius (Paris 8e), **Jean-Pierre Vigato** incarne une cuisine d'instinct à la fois classique, généreuse et toujours dans l'air du temps, à l'image de celle qu'il propose en duo avec le chef Romain Dubuisson au restaurant Disciples (Paris 16e), mais aussi en trio avec son fils Jérôme au restaurant de poisson Marius (Paris 16e), depuis octobre 2024.

Les viandes
de nos terroirs

Savoir-faire, races et terroirs sont autant de composantes à prendre en compte pour être assuré de choisir une viande de qualité au goût typique. Pour vous repérer, il existe un nombre important d'appellations et d'indications géographiques protégées qui distinguent la qualité et les particularités des viandes.

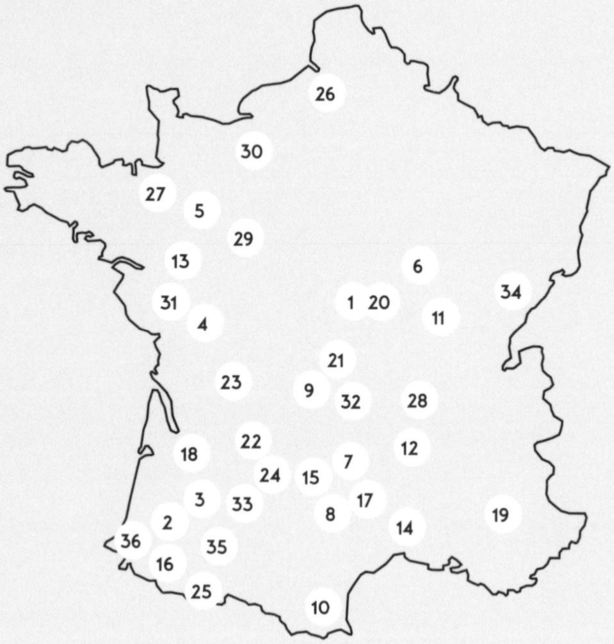

CARTE DES IGP ET AOP

Viandes bovines

IGP

1. Bœuf charolais du Bourbonnais
2. Bœuf de Chalosse
3. Bœuf de Bazas
4. Bœuf de Vendée
5. Bœuf du Maine
6. Charolais de Bourgogne
7. Génisse fleur d'Aubrac
8. Veau de l'Aveyron et du Ségala
9. Veau du Limousin
10. Rosée des Pyrénées catalanes

AOP

11. Bœuf de Charolles
12. Fin gras du Mézenc
13. Maine Anjou
14. Taureau de Camargue

Viandes ovines

IGP

15. Agneau de l'Aveyron
16. Agneau de lait des Pyrénées
17. Agneau de Lozère
18. Agneau de Pauillac
19. Agneau de Sisteron
20. Agneau du Bourbonnais
21. Agneau du Limousin
22. Agneau du Périgord
23. Agneau de Poitou-Charentes
24. Agneau du Quercy

AOP

25. Mouton de Barèges-Gavarnie
26. Agneau de prés salés de la baie de Somme
27. Agneau de prés salés du Mont-Saint-Michel

Viandes porcines

IGP

28. Porc d'Auvergne
29. Porc de la Sarthe
30. Porc de Normandie
31. Porc de Vendée
32. Porc de Limousin
33. Porc du Sud-Ouest
34. Porc de Franche-Comté

AOP

35. Porc noir de Bigorre
36. Porc basque Kintoa

POURQUOI CHAQUE VIANDE A-T-ELLE UNE SAVEUR PARTICULIÈRE ?

1

LA NOURRITURE

Selon le climat d'un lieu donné, mais aussi selon la saison, un animal n'a pas toujours accès au même type de nourriture. Il peut ingérer une très grande variété de plantes, ce qui influence le goût et la texture de sa viande.

2

LA COMPOSITION DU SOL

Elle permet la pousse de certains végétaux et elle leur donne un goût particulier que l'on retrouve dans la viande. Cet aspect essentiel a déterminé par exemple l'attribution d'une AOP aux bœufs de Charolles. Il s'agit d'animaux de race charolaise mais le territoire sur lequel ils vivent les différencie des autres bœufs charolais.

3

LE LIEU DE VIE

Il détermine si l'animal sera amené à faire beaucoup ou assez peu d'exercice. Le mouton de Barèges-Gavarnie monte jusqu'à 2 600 mètres d'altitude tout l'été pour paître en liberté complète et est en perpétuel mouvement, ce qui procure à sa viande une texture typique grâce à son persillage (degré de graisse incrustée dans le muscle). Ce persillage peut être aussi le résultat de l'élevage d'un animal au grand air à des températures froides, raison pour laquelle il produit du gras.

LE SAVOIR-FAIRE DES ÉLEVEURS : RACES ET CONDUITE D'ÉLEVAGE

Le savoir-faire de l'éleveur est primordial. Se conformant à un cahier des charges strict (AOP et IGP), il se doit de faire pâturer au grand air ses animaux sur une durée minimale chaque année en gérant ses différents champs de manière méthodique, d'entretenir la particularité de ceux-ci, mais aussi de s'approvisionner en nourriture adéquate pour l'hiver.

Il a également la charge de respecter des temps d'engraissement selon les âges des animaux ou bien de s'atteler précisément au suivi des bêtes. C'est ainsi que, pour les bœufs et génisses fin gras du Mézenc, les éleveurs surveillent scrupuleusement l'engraissement de leurs animaux, à l'œil et au toucher, pendant 110 jours minimum.

Pour les éleveurs de la filière biologique, un autre cahier des charges doit être rempli : nourriture biologique, pas d'OGM, interdiction de certains médicaments… Pour autant, les animaux élevés de façon biologique ne bénéficient pas forcément d'une IGP ou d'une AOP.

La filière bio en France

7 000
éleveurs de bovins

2 500
éleveurs d'ovins

700
éleveurs de porcins

*Source: INAO,2021.

AOP : Appellation d'Origine Protégée

Elle désigne un produit dont toutes les étapes de production sont réalisées selon un savoir-faire reconnu dans une même aire géographique, qui lui confère toutes ses caractéristiques.

IGP : Indication Géographique Protégée

Pour une viande, l'IGP établit que ses caractéristiques sont étroitement liées à une zone géographique dans laquelle se déroule au moins sa production, sa transformation ou son élaboration.

Et le Label rouge ?

De nombreuses viandes sont vendues sous ce label. Il récompense la qualité du produit, en valorisant des terroirs et des techniques d'élevage.

RECETTE POUR	PRÉPARATION	CUISSON
4 PERSONNES	40 MINUTES	45 À 55 MINUTES

Les endives au jambon

d'Éric Frechon

INGRÉDIENTS
6 grosses endives
2 tranches épaisses de jambon de Paris
100 g de parmesan en bloc
1 l de crème liquide
1 noix de beurre
Sel, poivre

1 Essuyez les endives sans les laver. Taillez les tranches de jambon en dés de 5 mm. Râpez le parmesan. Dans une casserole, portez la crème liquide à ébullition. Ajoutez les endives, en veillant à ce que la crème les recouvre à peine. Salez et poivrez. Laissez cuire à feu doux 35 à 45 min, selon leur grosseur.

2 Une fois les endives cuites, laissez-les refroidir dans la crème, puis égouttez-les (en conservant la crème) et coupez-les en deux dans le sens de la longueur.

3 Préchauffez le four à 180 °C. Faites réduire la crème de cuisson jusqu'à l'obtention d'une consistance nappante. Dans une poêle, faites chauffer le beurre à feu doux. Ajoutez-y les endives, côté tranché vers le bas et faites-les dorer légèrement.

4 Dans un plat à gratin, disposez les endives côté doré vers le haut et recouvrez-les de crème réduite. Disposez les dés de jambon sur chaque demi-endive et parsemez de parmesan râpé. Enfournez et laissez gratiner 5 min. Une fois les endives bien dorées, servez aussitôt.

Le vrai gourmand

Ce Meilleur Ouvrier de France a fait briller, pendant vingt-cinq ans, trois étoiles sur les cuisines du célèbre hôtel Bristol ! Une magnifique carrière qu'**Éric Frechon** poursuit notamment avec sa brasserie Lazare (Paris 8e) où il régale les gourmands, comme il aime le faire depuis toujours, de manière simple et généreuse.

RECETTE POUR	PRÉPARATION	CUISSON
4 PERSONNES	30 MINUTES	10 MINUTES

Les coquillettes

d'Alain Ducasse

INGRÉDIENTS

250 g de coquillettes
100 g de tranches épaisses de jambon de Paris
60 g de gruyère
1 petite boîte de brisures de truffe noire
50 g de beurre
1 c. à café de cognac
1 c. à café de porto rouge
2 cébettes

1 Taillez le jambon et le gruyère en petits dés. Faites cuire les pâtes comme indiqué sur l'emballage. Égouttez-les et mettez-les dans un plat de service chaud. Égouttez les brisures de truffe en gardant le jus.

2 Faites fondre le beurre dans une casserole, ajoutez les brisures et cuisez 1 min. Versez le cognac et le porto, remuez et laissez réduire un peu, puis ajoutez le jus de truffe et les cébettes émincées. Ajoutez le beurre de truffe et la moitié des dés de jambon et de gruyère aux pâtes, mélangez.

3 Parsemez du reste de jambon et de fromage et servez.

Le plus étoilé

Ses tables à Monaco, à Paris et ailleurs lui valent une vingtaine d'étoiles ! **Alain Ducasse** serait celui qui en détient le plus dans le monde. Ceux qui le voyait en statue du commandeur en seront pour leurs frais car il se révèle aussi touche-à-tout inspiré en lançant, à Paris, une torréfaction de café, une chocolaterie, une glacerie et même une biscuiterie.

RECETTE POUR
4 PERSONNES

PRÉPARATION
20 MINUTES

CUISSON
50 MINUTES

La tartiflette au saint-nectaire

d'Adrien Descouls

INGRÉDIENTS

600 g de saint-nectaire fermier
1,3 kg de pommes de terre à chair ferme
120 g de poitrine fumée
1 oignon
250 g de crème fraîche épaisse
Sel, poivre

1 Faites cuire les pommes de terre à l'eau sans les éplucher. Pelez-les chaudes, à la sortie de la cuisson.

2 Dans une poêle, faites revenir la poitrine taillée en dés et l'oignon émincé. Pendant ce temps, coupez les pommes de terre en rondelles. Dans un plat à gratin, mélangez-les avec la poitrine et les oignons.

3 Préchauffez le four à 160 °C. Détaillez le saint-nectaire en lamelles et recouvrez-en le plat. Assaisonnez et faites couler la crème sur la préparation. À la cuisson, elle va se liquéfier et enrober l'ensemble des pommes de terre. Enfournez pour 25 min.

Jeune talent auvergnat

Demi-finaliste de *Top Chef* en 2018, **Adrien Descouls** a ouvert son auberge contemporaine Origines, dans le Puy-de-Dôme. Son restaurant gastronomique est étoilé depuis 2020. Au printemps 2024, il y a adjoint Le Basalte, une table dont la cuisine bistronomique contemporaine célèbre ce terroir auvergnat qui lui est si cher.

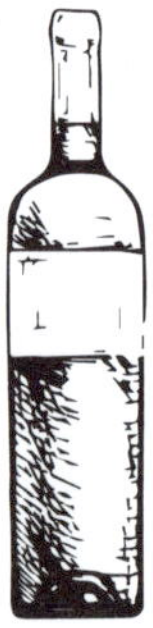

Trois vins pour le bon accord

UN SAINT-POURÇAIN
Produit dans la région d'Adrien Descouls, ce blanc est composé de chardonnay et de tressallier, un cépage local qui lui apporte vivacité et fraîcheur.
Cuvée Urbain V, domaine de Bellevue, à partir de 17 €.

UN VIN DU PUY-DE-DÔME
Cette cuvée 100 % chardonnay tire son nom du lieu-dit où poussent les vignes. Rond et suave, ce blanc est assez puissant pour accompagner une tartiflette.
Cuvée Les Fesses blanches, domaine David Pélissier, à partir de 11,50 €.

UN CÔTES-D'AUVERGNE
D'une belle couleur grenat, ce rouge réalisé à partir de gamay dévoile des arômes épicés et poivrés tout en étant charpenté et gourmand.
Cuvée Bousset d'or, domaine Rougeyron, à partir de 8,50 €.

RECETTE POUR	PRÉPARATION	CONGÉLATION	CUISSON
2 OU 3 PERSONNES	15 MINUTES	1 HEURE	45 MINUTES

La fondue
de reblochon dans du pain

de René et Maxime Meilleur

INGRÉDIENTS

1 reblochon fermier
1 boule de pain de campagne de 25 cm de diamètre rassie 48 h
500 g de pommes de terre grenailles
250 g de poitrine séchée
10 cl de vin blanc de Savoie
Fond de volaille
Sel

1 Coupez le sommet de la boule et retirez la mie afin d'obtenir un creux de 20 cm de diamètre. Réservez.

2 Faites cuire les pommes de terre dans de l'eau salée jusqu'à ce qu'elles soient fondantes, épluchez-les. Réservez.

3 Retirez la couenne de la poitrine, puis placez-la au congélateur 1 h pour qu'elle soit bien dure. Découpez-la en fines tranches de 1 mm d'épaisseur à l'aide d'un couteau très tranchant.

4 Préchauffez le four à 200 °C. Retirez la croûte du dessus du reblochon sur 1 mm. Placez le reblochon à l'intérieur du pain, avec le côté croûte vers le bas. Creusez au milieu et versez le vin blanc.

5 Enfournez pour 25 min, jusqu'à ce que le fromage soit bien fondu. Réchauffez les pommes de terre dans un peu de fond de volaille.

6 Pour déguster, prenez une pomme de terre, enroulez-la dans une tranche de lard, puis piquez-la avec une fourchette à fondue pour la plonger dans le reblochon.

Des autodidactes surdoués

Dans le petit village de Saint-Martin-de-Belleville (Savoie), **René Meilleur** a fait d'une simple auberge qu'il a bâtie de ses mains, La Bouitte, une table gastronomique reconnue avant qu'il ne soit rejoint par son fils **Maxime** et n'atteignent ensemble, grâce à leur cuisine sublimant leur terroir alpin, des sommets aujourd'hui salués par deux étoiles Michelin.

Trois vins pour le bon accord

UN CHIGNIN
Un blanc typique de Savoie, avec une bouche ronde et minérale, et des notes de fleurs et de fruits.
Cuvée Vers les Alpes, domaine Jean-François Quénard, à partir de 12 €.

UN APREMONT
Sec et vigoureux, ce blanc de Savoie surprend par sa richesse aromatique en fruits blancs mûrs.
Cuvée La Déchirée, domaine Jean Masson & Fils, à partir de 19 €.

UNE ROUSSETTE
Nez puissant, mêlant fleurs, bois vanillé et notes miellées, et bouche minérale et fraîche pour ce blanc de Savoie voluptueux.
Cuvée Fleur de Savoie, Maison Philippe Grisard, à partir de 20,50 €.

RECETTE POUR
4 PERSONNES

PRÉPARATION
20 MINUTES

CUISSON
5 MINUTES

Le club sandwich

de Simon Horwitz

INGRÉDIENTS

4 tranches de pain de campagne
400 g de poulet cuit froid
1 salade romaine
1 betterave cuite
½ botte d'estragon
Quelques cornichons
10 cl de mayonnaise
1 c. à soupe de moutarde
1 œuf dur
4 tranches fines de poitrine fumée
1 gousse d'ail
Sel, poivre

1 Découpez le poulet en petits morceaux, émincez la salade, coupez la betterave en dés, hachez l'estragon et émincez finement les cornichons. Mélangez tous ces ingrédients dans un saladier, assaisonnez de mayonnaise, de moutarde, de sel et de poivre.

2 Coupez l'œuf dur en quatre. Grillez doucement les tranches de poitrine fumée à la poêle, jusqu'à obtenir des chips croustillantes. Toastez les tranches de pain, puis frottez-les légèrement avec la gousse d'ail.

3 Disposez harmonieusement le mélange au poulet sur le pain, puis les quartiers d'œuf et la poitrine fumée sur le dessus.

Le bistrotier contemporain

Lauréat, en 2016, du palmarès des Fines Gueules du *Parisien Magazine* récompensant les meilleures tables à prix accessible et Jeune Talent 2017 du Gault & Millau, **Simon Horwitz** a le mérite de la constance. En effet, son néobistrot Elmer (Paris 3e) connu, entre autres, pour les belles pièces cuites au barbecue ou à la rôtissoire qu'il y propose n'a, depuis, jamais désempli.

Les morceaux du boucher

Vous ne savez pas toujours à quoi correspond tel ou tel morceau de viande et quelle cuisson adopter ? On vous explique tout !

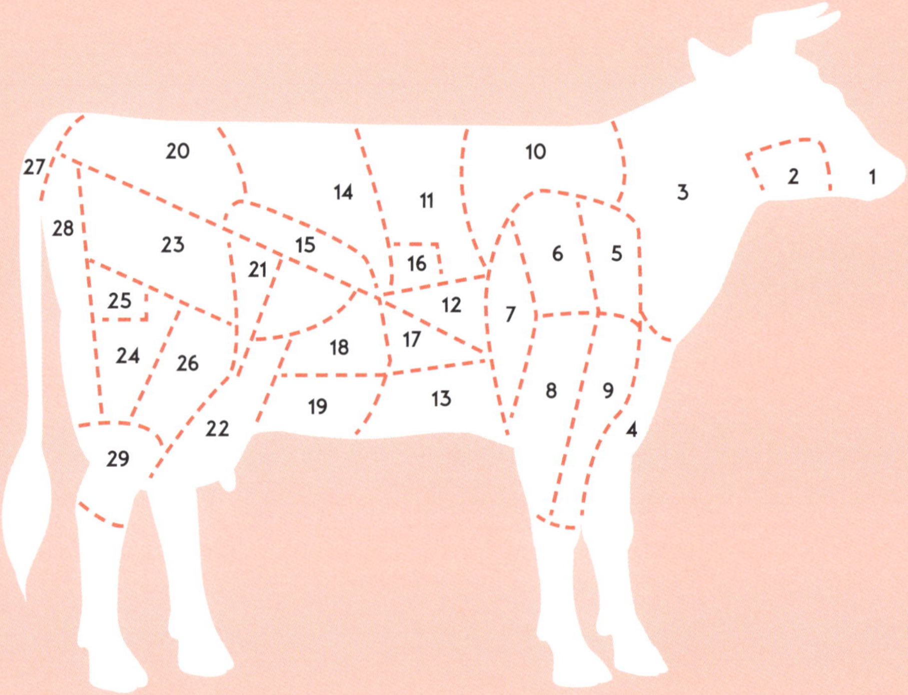

Modes de cuisson

- Four (rôti)
- Mijoté
- Grillé
- Barbecue
- Sans cuisson

Bœuf

1. Langue
2. Joue
3. Collier
4. Gros bout de poitrine
5. Jumeau à bifteck
6. Paleron
7. Macreuse à bifteck
8. Macreuse à pot-au-feu
9. Jumeau à pot-au-feu
10. Basses côtes
11. Côtes et entrecôtes
12. Plat de côtes
13. Tendron et milieu de poitrine
14. Faux-filet
15. Filet
16. Onglet
17. Hampe
18. Bavette de flanchet
19. Flanchet
20. Rumsteck
21. Aiguillette baronne
22. Bavette d'aloyau
23. Tende de tranche, poire, merlan
24. Gîte noix
25. Araignée
26. Plat de tranche, rond de tranche, mouvant
27. Queue
28. Rond de gîte noix
29. Gîte/jarret

Porc

1. Joue
2. Gorge
3. Échine
4. Palette
5. Épaule
6. Jarret avant
7. Carré de côtes
8. Travers
9. Poitrine
10. Mouille
11. Côtes filet
12. Filet mignon
13. Filet
14. Pointe
15. Jambon
16. Jarret arrière

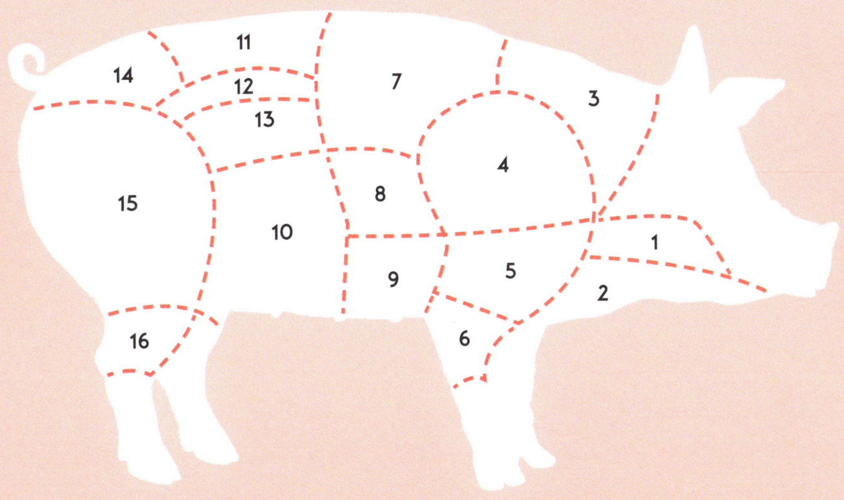

Agneau

1. Langue
2. Joue
3. Collier
4. Côtes découvertes (carré)
5. Épaule
6. Côtes secondes et premières
7. Poitrine
8. Filet et côtes filet
9. Selle
10. Gigot (raccourci)
11. Souris

Les 10 commandements du boucher

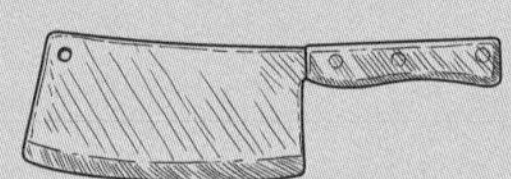

1

Recherchez un boucher traditionnel

Il travaille avec des producteurs locaux, sélectionne sa viande, suit la maturation de celle-ci et maîtrise sa découpe.

2

Fiez-vous à vos sens

Repérez les signes d'une viande de mauvaise qualité si vous l'achetez en supermarché ou chez un commerçant inconnu : de couleur grise, brune ou verdâtre, à la texture visqueuse, la viande est périmée. Chez vous, si à l'ouverture de l'emballage, une odeur d'ammoniaque se dégage, ce n'est pas bon signe non plus. Une viande fraîche est de couleur vive, sans taches sombres, sa texture est ferme et élastique.

3

Choisissez le morceau adapté

Sélectionnez le morceau de viande en fonction du plat ou du mode de cuisson envisagé : un morceau très gras sur un barbecue très chaud verra sa graisse fondre très vite et toutes ses qualités gustatives partiront en fumée.

4

Donnez-lui un peu d'air !

Sortez la viande du réfrigérateur 30 min à 1 h avant de la faire cuire, suivant la taille du morceau.

5

Assaisonnez avec justesse

Le sel peut être appliqué avant la cuisson pour les viandes grasses et les viandes à fibres non coupées (onglet, bavette, etc.). Pour les viandes à fibres coupées (entrecôtes, filet, etc.), il est possible de saler très légèrement un court instant avant la cuisson et de compléter l'assaisonnement en fin de cuisson. Quant au poivre, pour éviter qu'il ne perde sa saveur, il vaut mieux le mettre en fin de cuisson.

6

Choisissez bien la matière grasse

Celle-ci doit résister à la chaleur. Une huile neutre (tournesol, pépin de raisin…) sera idéale pour commencer la cuisson, à l'inverse du beurre qui risque de noircir. Ajoutez ce dernier à la toute fin pour arroser la viande et lui donner plus de saveurs.

7

Saisissez à feu vif les viandes rouges

Pour les cuissons bleues et saignantes, cette cuisson courte et intense sera suffisante. Pour la cuisson à cœur, baissez la puissance du feu et poursuivez la cuisson le temps nécessaire suivant la taille de la pièce de viande.

8

Laissez votre viande tranquille

Lors d'une cuisson au barbecue ou à la poêle, ne retournez pas constamment votre viande mais laissez le temps à la croûte de cuisson de se former.

9

Arrosez !

En cours de cuisson, arrosez les rôtis avec le jus et pensez à les retourner une fois pour avoir une cuisson uniforme.

10

Accordez-lui une sieste !

Laissez reposer votre viande 10 à 15 min avant de la déguster, enveloppée dans du papier d'aluminium ou dans un plat fermé, pour qu'elle se détende et retrouve toute sa jutosité.

L'origine de la viande

N'achetez une viande que si vous pouvez en connaître l'origine de production.

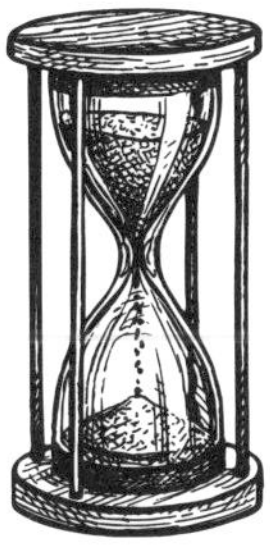

La maturation de la viande

Une fois l'animal abattu, sa viande n'est pas consommable immédiatement, il lui faut un temps de maturation pour qu'elle s'attendrisse et acquière toutes ses saveurs. Une carcasse de bovin doit maturer au moins 10 à 15 jours, dans un endroit bien sec et frais. Certains bouchers poussent la maturation de la viande jusqu'à 100 jours.

RECETTE POUR	PRÉPARATION	CUISSON
4 PERSONNES	40 MINUTES	15 MINUTES

L'œuf Bénédicte

de Thierry Marx

INGRÉDIENTS

8 œufs
4 tranches de pain de mie blanc
Beurre
24 tranches de langues écarlates (ou de bacon grillé)
4 jaunes d'œufs
4 c. à soupe de jus d'une réduction d'échalote ou de vin blanc (facultatif)
150 g de beurre clarifié (beurre qui a fondu doucement et dont on a retiré les couches blanches)
Jus de citron
Truffe (facultatif)
Sel, poivre

1 Préparez 8 œufs mollets en les faisant bouillir 5 min dans de l'eau. Laissez-les refroidir à température ambiante, puis écalez-les. Coupez les tranches de pain de mie en disques de 10 cm de diamètre. Beurrez des deux côtés et faites-les toaster. Sur chaque pain de mie, déposez 3 tranches de langue écarlate (ou de bacon grillé), puis 1 œuf mollet.

2 Mettez les jaunes d'œuf dans une casserole avec 4 c. à soupe d'eau froide (ou de jus d'une réduction d'échalotes, ou de vin blanc). Avec un fouet, battez-les pour les faire mousser, puis faites cuire le sabayon obtenu à feu très doux. Il doit augmenter de volume et devenir mousseux. Retirez la casserole du feu lorsque la température du sabayon est proche de 60 °C (on doit pouvoir le toucher sans se brûler) et que chaque coup de fouet laisse apparaître le fond de la casserole (commencez au fouet électrique, continuez à la main). Incorporez le beurre clarifié en tournant la sauce à l'aide d'un fouet. Assaisonnez la sauce de jus de citron, de sel et de poivre. Mélangez. Conservez la sauce à couvert dans un endroit tiède.

3 Glacez les œufs avec votre sauce sabayon. Vous pouvez éventuellement décorer les œufs avec de la truffe.

L'engagé

À la tête du restaurant gastronomique Onor (Paris 8e), de tables qu'il supervise, de boulangeries ou encore d'écoles, **Thierry Marx** s'est engagé depuis longtemps pour une alimentation de qualité tout en militant pour une gastronomie vectrice de progrès social ou économique.

Trois vins pour le bon accord

UN VIN DU PAYS DE L'HÉRAULT
La fraîcheur de ce vin 100 % viendra contrebalancer la richesse de l'œuf Bénédicte.
Hasard, domaine Pierre Vaïsse, à partir de 28 €.

UN MÂCONNAIS
David Biraud, longtemps sommelier de Thierry Marx, conseille un pouilly-fuissé sec et léger, comme celui de ce domaine travaillant en biodynamie.
Domaine Robert-Denogent, à partir de 32 €.

UN VIN DE LA VALLÉE DU RHÔNE
Avec sa fraîcheur et sa grande richesse aromatique, le crozes-hermitage blanc du domaine Alain Graillot est une référence.
Alain Graillot, à partir de 29 €.

RECETTE POUR 4 PERSONNES | PRÉPARATION 15 MINUTES | CUISSON 10 MINUTES

Le risotto de pâtes

aux saveurs provençales

de Philippe Jourdin

INGRÉDIENTS

320 g de mini-penne
1 l de bouillon de volaille
4 petits oignons blancs
280 g de tomates cerises
120 g de bresaola
20 g de pignons de pin
10 cl d'huile d'olive
2 gousses d'ail
100 g d'olives noires dénoyautées (taggiasche ou olives de Nice)
50 g de roquette
60 g de parmesan râpé
40 g de parmesan en copeaux
Poivre

1 Coupez les petits oignons en rondelles de 3 mm d'épaisseur et les tomates cerises en deux. Détaillez la bresaola en lanières. Torréfiez les pignons de pin 3 ou 4 min dans une poêle chaude. Faites chauffer le bouillon de volaille dans une casserole.

2 Versez dans une cocotte en fonte la moitié de l'huile d'olive et faites suer à feu doux les oignons et ail, en mélangeant régulièrement. Ajoutez les pâtes, puis les tomates cerises et remuez délicatement. Versez du bouillon chaud jusqu'à recouvrir les pâtes et laissez cuire à feu doux, en remuant de temps en temps. Quand le liquide est absorbé, ajoutez le reste du bouillon et laissez cuire à nouveau (une dizaine de minutes au total).

3 Retirez la cocotte du feu, ajoutez les olives, les feuilles de roquette sans leur tige, le reste de l'huile d'olive, le parmesan râpé, les pignons de pin et les lanières de bresaola. Poivrez. Déposez les copeaux de parmesan et servez sans attendre.

Méditerranéen de cœur

Bien que natif de Normandie, **Philippe Jourdin** est depuis bien longtemps installé en Provence. Ce Meilleur Ouvrier de France aux quarante années passées derrière les fourneaux, longtemps chef du Domaine de Terre Blanche à Tourettes (Var), a notamment travaillé aux côtés du mythique chef Roger Vergé au Moulin de Mougins (Alpes-Maritimes).

RECETTE POUR

4 PERSONNES

PRÉPARATION

35 MINUTES

CUISSON

3 OU 4 MINUTES

La soupe aux raviolis wonton

de Samuel Lee

INGRÉDIENTS

20 feuilles de pâte pour raviolis wonton
100 g de crevettes
150 g de jarret de porc haché fin
50 g de poitrine de porc hachée fine
1 c. à soupe de fécule de maïs
2 œufs
1 l de bouillon de poule dégraissé (ou en cube)
4 petits cœurs de pak-choï
Ciboule
Sel, poivre

1 Lavez les crevettes, décortiquez-les et coupez-les en trois. Mélangez-les avec le jarret et la poitrine hachés, du sel, du poivre, la fécule et 1 œuf battu jusqu'à ce que l'ensemble soit bien lié (il doit être collant).

2 Placez 1 grosse c. à café de farce au centre de chaque feuille de pâte en laissant une large part de la feuille déborder. Refermez le ravioli en collant la pâte avec un peu d'œuf battu. Répétez jusqu'à épuisement des ingrédients.

3 Faites bouillir de l'eau, mettez les raviolis dedans. Quand ils remontent à la surface, laissez cuire 1 min, puis égouttez-les. Faites réchauffer le bouillon, vérifiez son assaisonnement, ajoutez-y les cœurs de pak-choï. Répartissez les raviolis wonton dans quatre bols, versez dessus le bouillon en répartissant aussi les pak-choï, parsemez de blanc et de vert de ciboule hachée.

Le seul Chinois étoilé de France

Sous la houlette de **Samuel Lee**, le Shang Palace, restaurant gastronomique asiatique de l'hôtel Shangri-La (Paris 16e) est devenu l'unique table chinoise étoilée de France. En attendant d'ouvrir sa propre adresse d'ici 2025, il adore mitonner ses spécialités parmi lesquelles le canard laqué ou encore cette délicieuse soupe wonton !

Trois bouteilles pour le bon accord

UN VIN DE L'HÉRAULT
Ce blanc aux beaux arômes d'agrumes et de fruits exotiques épouse parfaitement les saveurs des wonton.
Cuvée Siclène, domaine La Terrasse d'Élise, à partir de 21 €.

UN POUILLY-FUISSÉ
Un vin frais, aux notes florales et fumées, élaboré par un couple de vignerons réputé dans le Mâconnais.
Sur la Roche, 1er cru, domaine Jacques et Nathalie Saumaize, à partir de 32 €.

UNE BIÈRE
Fraîche et légère, la Tsingtao est originaire d'une ville chinoise du même nom qui accueille chaque année une fête de la bière comme celle de Munich !
Tsingtao, à partir de 2 € les 33 cl.

Volailles

RECETTE POUR	PRÉPARATION	CUISSON
4 PERSONNES	35 MINUTES	1 HEURE 05

Le poulet du Bourbonnais farci au beurre de cèpes

de Jacques Decoret

INGRÉDIENTS

1 poulet du Bourbonnais (1,2 kg)
200 g de beurre pommade
1 c. à soupe de poudre de cèpes
5 ou 6 brins de persil plat
½ gousse d'ail
50 g de chapelure
8 feuilles d'ail des ours
8 champignons de Paris
2 c. à soupe d'huile d'arachide
500 g de pommes de terre rattes
20 cl de bouillon de volaille
Sel, poivre

1 Commencez par préparer le beurre de cèpes : hachez finement le persil avec l'ail. Mélangez le beurre pommade, la chapelure, le persil, l'ail et la poudre de cèpes, du sel et du poivre jusqu'à obtenir une préparation homogène. Décollez délicatement la peau du poulet de sa chair. Répartissez le beurre sous la peau. Salez et poivrez l'intérieur de la volaille et bridez-la (ficelez-la pour que la cuisson soit homogène).

2 Coupez les feuilles d'ail des ours en lanières. Coupez le pied terreux des champignons et nettoyez-les à l'aide d'un papier absorbant humide. Coupez-les en 2 ou en 4, selon leur taille.

3 Préchauffez le four à 200 °C. Faites chauffer l'huile dans une cocotte et faites-y dorer la volaille sur tous les côtés. Ajoutez les rattes et le bouillon de volaille. Couvrez et enfournez pour 1 h. Ajoutez les champignons et l'ail des ours 5 min avant la fin de cuisson.

L'Auvergnat

Jacques Decoret et son épouse Martine ont installé leur hôtel-restaurant Relais & Château dans un superbe chalet de briques de style Napoléon III avec vue sur le parc des Sources de Vichy (Allier). En cuisine, ce Meilleur Ouvrier de France, qui est aussi étoilé, magnifie les plus beaux produits de la région.

Trois bouteilles pour le bon accord

UN SAINT-POURÇAIN
Un rouge léger et élégant, qui allie rondeur et fruité. Il est en outre produit à Cesset, dans cet Allier si cher à Jacques Decoret.

La Chambre d'Edouard, domaine Grosbot-Barbara, à partir de 14 €.

L'EAU DE CHÂTELDON
Une eau minérale naturellement gazeuse dont la source se situe à quinze minutes de Vichy. Ses très fines bulles lui valent souvent d'être qualifiée de « Rolls des eaux minérales » !

À partir de 2,90 € les 75 cl.

L'EAU DE SAINT-GÉRON
Riche en calcium et en magnésium, cette eau gazeuse, qui jaillit à 510 mètres d'altitude, est filtrée par le granit des monts d'Auvergne. Les chefs l'ont adoptée pour son côté velouté en bouche.

À partir de 2,60 € les 75 cl.

RECETTE POUR

6 PERSONNES

PRÉPARATION

25 MINUTES

CUISSON

2 HEURES 05 À 2 HEURES 20

La poule au pot

de Christophe Hay

INGRÉDIENTS

1 poule fermière (environ 2 kg)
4 carottes
4 échalotes
1 kg de champignons de Paris
4 panais
1 botte de navets (4 navets nouveaux environ)
1 navet boule d'or
1 bouquet garni (thym, laurier, persil)
10 graines de coriandre
1 baie de genièvre
2 clous de girofle
Gros sel

Sauce suprême

40 g de beurre
40 g de farine
½ l de bouillon de cuisson
2 jaunes d'œufs
25 cl de crème épaisse + 1 c. à soupe
1 citron
Noix de muscade
Sel, poivre

1 Taillez les légumes en morceaux ou quartiers. Réservez les champignons. Videz la poule, puis bridez-la soigneusement. Placez les légumes dans un grand faitout, posez la poule dessus, puis couvrez d'eau. Ajoutez 2 c. à soupe de gros sel, le bouquet garni et les graines, baie et clous liés dans une gaze. Comptez 2 h à 2 h 15 de cuisson dès que le bouillon frémit (à adapter en fonction du poids et de la qualité de la volaille qui doit être bien fondante). Ajoutez les champignons 15 min avant la fin de la cuisson.

2 Préparez la sauce suprême : faites fondre le beurre, ajoutez la farine et mélangez. Versez le bouillon de cuisson, puis, hors du feu, incorporez les jaunes d'œufs un à un et les 25 cl de crème. Salez et poivrez. Ajoutez le jus de ½ citron, une pointe de muscade, puis gardez au chaud.

3 Sortez la poule et les légumes du bouillon. Égouttez-les et disposez-les dans un plat de service. Enlevez la peau de la poule en incisant le long des flancs et citronnez la surface de la viande pour éviter l'oxydation. Ajoutez 1 c. de crème à la sauce juste avant de servir.

Le Ligérien

En 2022, **Christophe Hay** a inauguré, dans le magnifique bâtiment historique de l'ancien hôpital de Blois, le Relais & Château Fleur de Loire (Loir-et-Cher). Et, dans le restaurant gastronomique doublement étoilé qui porte son nom au jardin de 1,5 hectare, il se fait l'ambassadeur des produits ultra-locaux et du patrimoine culinaire ligérien.

Le poulet, une passion française

Deuxième viande consommée en France après le porc, le poulet jouit d'une popularité sans faille et d'une longue histoire. Emblème légendaire des Gaulois, puis de la France à travers le coq, le poulet rôti du dimanche reste, année après année, l'un des plats préférés des Français.

Poulet, poule, coq, poularde, chapon : une question d'âge

Il s'agit à chaque fois du même animal mais à des stades de croissance différents. Le terme « poulet » désigne l'animal (mâle ou femelle) ayant atteint sa maturité sexuelle mais encore très jeune. En vieillissant, entre l'âge de 5 à 9 mois, sa dénomination devient « coq » ou « poule ». Si durant cette période il est castré (pour le coq) et engraissé spécifiquement au grain, on l'appelle « chapon » ou « poularde ».

RENDONS À CÉSAR…

Introduit en Grèce par les Perses, le poulet serait arrivé en Occident au Ve siècle avant notre ère. Continuant son chemin, il a conquis le palais des Romains, notamment des élites qui adoraient les poulardes élevées au grain. D'ailleurs, la cuisine du volatile chez eux a donné naissance chez nous à la légende de la création du coq au vin : César l'aurait servi à Vercingétorix pour le narguer – celui-ci lui ayant préalablement envoyé le coq vivant en signe de défi.

Plus tard, au Moyen Âge (dès le XIIIe siècle), le poulet entre dans la composition du blanc-manger, une bouillie reconstituante qui sert à la santé des malades, faite de viande pilée de poule ou de chapon, de poudre de riz ou d'amande avec du lait et de l'eau de rose.

Enfin, au terme de la Renaissance, la célèbre poule au pot d'Henri IV, dont le symbole est repris jusqu'au XIXe siècle à des fins politiques (au moment de la Révolution on chante : « Enfin, la poule au pot va être mise, […] / Car, depuis deux cents ans qu'elle nous est promise / On n'a cessé de la plumer »), ne fait qu'entretenir sa renommée comme élément essentiel de l'alimentation des Français jusqu'à nos jours.

VIVEMENT DIMANCHE !

La première raison du succès du poulet tient sans doute à sa taille qui le rend commode à élever. Peu cher et demandant peu de soins, il est aussi très facile à nourrir, d'autant qu'il picore les restes de cuisine. Mais l'autre avantage du poulet devenu adulte est qu'il peut fournir une grande quantité d'œufs, une source de protéines non négligeable et un ingrédient indispensable pour un certain nombre de recettes.

Et puis le poulet grillé sur le centre de la table évoque quantité de souvenirs. Plat du dimanche par excellence, il permet de se rassembler en famille, chacun ayant sa préférence pour le morceau : les uns adorant le croustillant de la peau, les autres n'hésitant pas à manger avec les doigts les parties les plus osseuses.

Tout compte fait, le poulet, ce n'est pas qu'un plat ou un emblème, c'est toute une somme de souvenirs qui reviennent à l'esprit dès que l'on en sent le fumet, que ce soit dans le four familial ou dans une rôtisserie.

LES CHIFFRES DU POULET

La France, plus grosse consommatrice de poulet en Europe en 2022 (hors Royaume-Uni)

FRANCE
22,5 kg/hab

ALLEMAGNE
21,4 kg/hab

ESPAGNE
12 kg/hab

Volailles consommées en France

POULET
79,6 %

DINDE
12,8 %

CANARD
6 %

PINTADE
1 %

AUTRES
0,6 %

15

C'est le nombre de poulets consommés par an et par habitant en France.

Consommation en France

2012
15,6 kg/hab

2022
22,5 kg/hab

=

+ 44 %
en 10 ans !

* Sources : FranceAgriMer, SSP Agreste, El independiente, études 2022 et 2023.

RECETTE POUR — 4 PERSONNES | PRÉPARATION — 30 MINUTES | CUISSON — 45 MINUTES

La fricassée de volaille à l'estragon

de Patrice Vander

INGRÉDIENTS

1 beau poulet fermier détaillé en 8 morceaux
½ botte d'estragon
100 g de petits champignons de Paris
25 g de beurre
Le jus de ½ citron
20 cl de crème fraîche épaisse
Farine de gaude (farine de maïs torréfiée) ou de châtaigne
Huile d'olive
5 g de beurre demi-sel
10 cl de vin jaune ou de savagnin
50 cl de bouillon de légumes bio
20 cl de jus de volaille
Sel, poivre

1 Effeuillez l'estragon. Ciselez-en la moitié et réservez l'autre. Plongez les champignons dans une casserole d'eau bouillante avec une belle noisette de beurre et le jus de citron, et laissez cuire à feu doux 10 min environ. Dans une autre casserole, faites réduire la crème fraîche épaisse à feu doux.

2 Dans une cocotte en fonte, faites revenir à l'huile d'olive et au beurre demi-sel mousseux les morceaux de volaille légèrement farinés.

3 Dégraissez à l'aide d'une petite louche, puis déglacez avec le vin jaune. Ajoutez le bouillon de légumes et laissez mijoter 30 min à feu doux. Ajoutez les feuilles d'estragon entières, puis le jus de volaille et la crème réduite. Salez et poivrez si nécessaire. Enlevez les morceaux de volaille.

4 Filtrez la sauce, puis ajoutez l'estragon ciselé et montez-la avec le reste du beurre. Rassemblez le tout dans la cocotte, réchauffez, ajoutez les champignons égouttés.

L'étoile d'Évian

Patrice Vander est le chef de l'Hôtel Royal à Évian (Haute-Seine). La cuisine qu'il signe au restaurant Les Fresques lui vaut une étoile. Au menu, poissons du lac Léman (que vous pourrez admirer depuis la salle à manger), gibiers, volailles de Bresse et produits du propre jardin de l'hôtel !

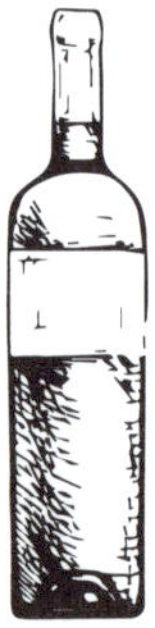

Trois vins pour le bon accord

UN MARIN
Cet excellent vin produit au bord du lac Léman est recommandé par Patrice Vander. Agréablement minéral, il est réalisé à partir de chasselas.
Cuvée Tradition, domaine Delalex, à partir de 9 €.

UN APREMONT
Excellent rapport qualité-prix pour ce blanc sec et minéral. Il se marie à merveille avec une sauce à la crème comme celle de cette fricassée.
Cuvée Thomas, domaine Blard & Fils, à partir de 12 €.

UN CHIGNIN-BERGERON
Un vin de Savoie raffiné et rond, doté d'une belle longueur en bouche. Avec ses notes de tilleul et de coing, il est frais et complexe.
Au Pied des Tours, domaine Jean-François Quénard, à partir de 19 €.

LE CREUSET

RECETTE POUR	PRÉPARATION	CUISSON
4 PERSONNES	10 MINUTES	45 MINUTES

Le curry de volaille

de Martin Maumet

INGRÉDIENTS

4 cuisses de poulet
1 c. à café de pâte de curry rouge
1 petit oignon
2 gousses d'ail
2 bâtons de citronnelle
40 cl de lait de coco
240 g de riz noir venere
1 brin de coriandre
1 cébette
2 citrons verts

1 Dans une cocotte, faites griller à feu doux, pendant 7 min environ, les cuisses de poulet côté peau, jusqu'à ce que celle-ci soit bien dorées. Réservez-les.

2 Ciselez très finement l'oignon et l'ail, puis faites-les sauter avec la citronnelle écrasée et la pâte de curry rouge. Ajoutez le lait de coco et laissez mijoter 2 min. Remettez les cuisses de volaille dans le curry et placez la cocotte au four, sans couvercle, à 145 °C pendant 35 min environ, en fonction de la taille des cuisses.

3 Faites cuire le riz selon les indications du paquet. Disposez les cuisses et le riz dans des assiettes, parsemés de la coriandre et la cébette ciselées, et versez le jus de ½ citron vert sur chaque cuisse. Servez.

Le prodige bien inspiré

Après avoir officié chez Alain Ducasse, **Martin Maumet** a eu pour mentor l'étoilé William Ledeuil qui lui a confié le poste de chef du restaurant KGB alors qu'il n'avait que 22 ans. Acheté en 2023, le restaurant rebaptisé Oktobre (Paris 6e), est une nouvelle adresse à part entière où il déploie une cuisine française mêlée d'épices et condiments d'ici ou d'ailleurs.

RECETTE POUR	PRÉPARATION	CUISSON
4 PERSONNES	10 MINUTES	30 MINUTES

Le poulet aux herbes

d'Alexandre Bourdas

INGRÉDIENTS

480 g de filets de poulet
Quelques feuilles de mélisse citronnelle et de persil
120 g de riz rond
80 g d'oignons
6 cl d'huile d'olive vierge extra
40 cl de bouillon de volaille
8 cl de crème fraîche épaisse
Le jus de 1 citron bio
Le zeste de 1 citron vert bio
2 gousses d'ail
12 g de beurre
10 g de chapelure
Sel

1 Préchauffez le four à 180 °C. Rincez le riz. Faites rissoler les oignons coupés en dés dans l'huile d'olive. Ajoutez le riz et 1 pincée de sel, puis incorporez le bouillon de volaille à la louche, en veillant à ce que le contenu de chaque louche soit absorbé avant de verser la suivante. Faites bouillir, puis ramenez le feu à frémissement. Quand il n'y a plus de bouillon, ajoutez la crème fraîche au riz. Émincez la mélisse citronnelle et hachez finement le persil. Quand le riz est cuit, ajoutez-y la moitié du persil, la mélisse citronnelle, le jus du citron et le zeste du citron vert finement râpé.

2 Poêlez les filets de poulet sur une face. Posez-les, face cuite en dessous, sur une plaque de cuisson, ajoutez 1 cm d'eau et enfournez pour 10 min.

3 Dans un bol, mélangez le reste du persil, l'ail haché, le beurre fondu et la chapelure. Disposez le risotto en une fine couche dans le fond des assiettes. Déposez les filets de poulet et assaisonnez avec la sauce au persil.

Le populaire

Alors qu'à Honfleur (Calvados) son restaurant Saquana était étoilé depuis 2007 et doublement étoilé depuis 2010, **Alexandre Bourdas** a décidé, au sortir de la Covid, de s'orienter vers une cuisine plus accessible où prime la fraîcheur et la qualité de produits qu'il cuisine avec autant de talent que de simplicité. Et c'est un vrai succès !

Les volailles
de nos régions

Quarante IGP et deux AOP sont attribuées aux volailles en France, ce qui laisse l'embarras du choix pour déguster une viande de qualité. Elles concernent aussi bien le poulet, le chapon, la poularde que la pintade, la dinde, l'oie ou encore le canard. Aussi, parce qu'il serait difficile de toutes les évoquer ici, voici donc les plus connues mais, aussi, les plus confidentielles !

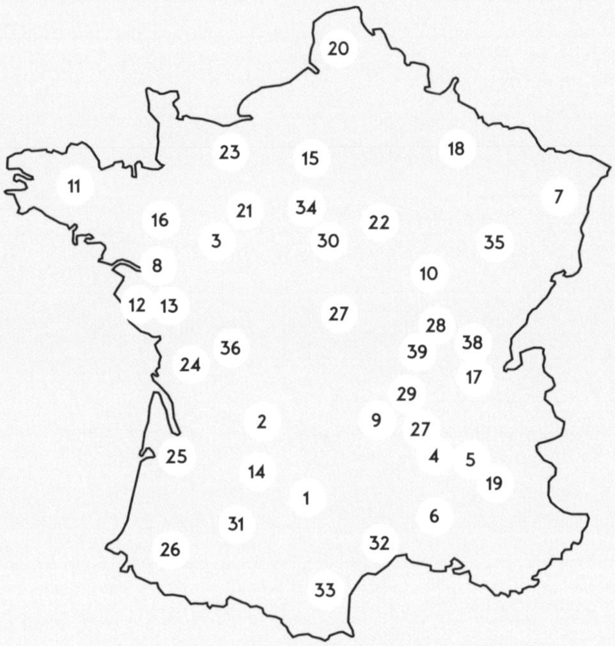

CARTE DES IGP ET AOP DE VOLAILLES

IGP

1. Canard à foie gras du Sud-Ouest
2. Chapon, Poularde ou Poulet du Périgord
3. Oie d'Anjou
4. Pintade, Poulet ou Chapon de l'Ardèche
5. Pintadeau de la Drôme
6. Poulet ou Chapon des Cévennes
7. Volailles d'Alsace
8. Volailles d'Ancenis
9. Volailles d'Auvergne
10. Volailles de Bourgogne
11. Volailles de Bretagne
12. Volailles de Challans
13. Volailles de Cholet
14. Volailles de Gascogne
15. Volailles de Houdan
16. Volailles de Janzé
17. Volailles de l'Ain
18. Volailles de la Champagne
19. Volailles de la Drôme
20. Volailles de Licques
21. Volailles de Loué
22. Volailles de l'Orléanais
23. Volailles de Normandie
24. Volailles de Vendée
25. Volailles des Landes
26. Volailles du Béarn
27. Volailles du Berry
28. Volailles du Charolais
29. Volailles du Forez
30. Volailles du Gâtinais
31. Volailles du Gers
32. Volailles du Languedoc
33. Volailles du Lauragais
34. Volailles du Maine
35. Volailles du plateau de Langres
36. Volailles du val de Sèvres
37. Volailles du Velay

AOP

38. Volailles de Bresse
39. Poulet du Bourbonnais

La volaille de Bresse

C'est en 1996 que le poulet de Bresse reçoit son AOP bien qu'il soit reconnu depuis 1957 comme une AOC (Appellation d'Origne Contrôlée). Outre la race caractéristique à laquelle il appartient, la poule Bresse gauloise, le poulet de Bresse a le goût de son terroir d'origine, une plaine sédimentaire silico-argileuse parsemée de bocage. L'autre volaille de la région bénéficiant d'une AOP est le dindon noir de Bresse (AOC depuis 1976), surnommé « la perle noire ».

L'OIE FERMIÈRE D'ANJOU

Seule oie bénéficiant d'une IGP (depuis 2011), son élevage est réputé depuis la fin du Moyen Âge dans cette région. Son terroir d'élevage, doux et humide, est propice à son développement qui dure au minimum huit mois, au grand air le plus souvent possible. Traditionnellement rôtie lors des fêtes de Noël, la chair de l'oie d'Anjou est d'une tendreté exceptionnelle, tout en conservant une texture assez ferme.

LA VOLAILLE DE LICQUES

Les dindes élevées à l'abbaye du village de Licques depuis les XVIIe-XVIIIe siècles ne sont pas une race endémique de la région mais il s'agit à chaque fois de dindes noires (comme la noire de Sologne ou la bronzée d'Amérique). Nourries au grain et élevées en plein air, leur chair est réputée pour sa finesse. Aussi, chaque année, le deuxième week-end de décembre, une fête de la dinde de Licques est organisée dans le village en l'honneur du volatile dont les plus beaux spécimens défilent dans les rues le dimanche.

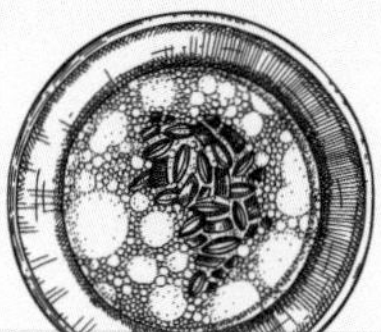

Le poulet AOP du Bourbonnais

C'est en 2023 qu'une AOP est attribuée au poulet du Bourbonnais, afin de reconnaître ses qualités liées à son terroir. De race rustique et productive, ce volatile blanc possède un camail (les plumes autour du cou) tacheté de noir. Élevé en plein air et abattu à partir du moment où il atteint 101 jours (un poulet de batterie est abattu entre 38 et 40 jours), sa chair présente une texture fondante à la saveur prononcée de bouillon de volaille.

LA POULE DE HOUDAN

Elle est particulièrement reconnaissable à sa prestance : munie d'une huppe et d'une crête double, son plumage noir est tacheté de blanc. C'est une race très ancienne dont la présence en France est attestée dès les XIIIe-XIVe siècles. Délaissée à cause de sa petite taille après la Seconde Guerre mondiale (elle a failli disparaître), sa chair très fine est désormais aussi bien recherchée par les gastronomes que par les locavores puisqu'il s'agit d'un pur produit du terroir d'Île-de-France.

Le canard du Sud-Ouest

Le foie gras IGP du Sud-Ouest est élaboré à partir de canards de Barbarie ou de canards mulards élevés en plein air dans cette région. Gavés avec un maïs sans OGM provenant du même endroit, ils fournissent un foie gras d'exception. Seuls les territoires du Sud-Ouest avec chacun leur terroir typique sont reconnus par l'IGP : Périgord, Chalosse, Gascogne, Gers, Landes et Quercy.

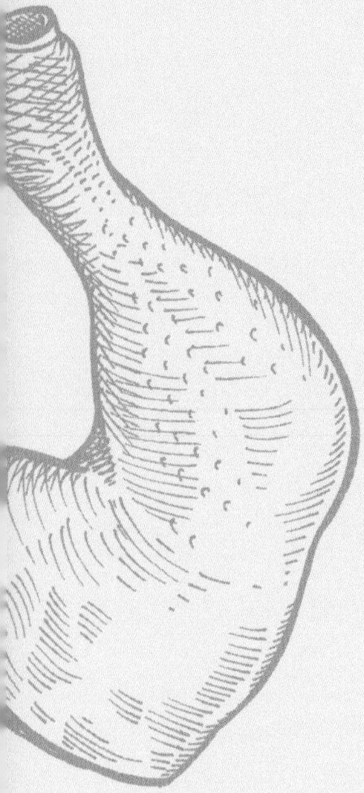

Les morceaux du volailler

L'anatomie des volailles est peut-être un peu plus simple que celle des mammifères mais on n'est pas toujours sûr de savoir en situer les parties. Vous saurez désormais où se trouvent les gésiers et faire la différence entre un suprême et un filet de poulet !

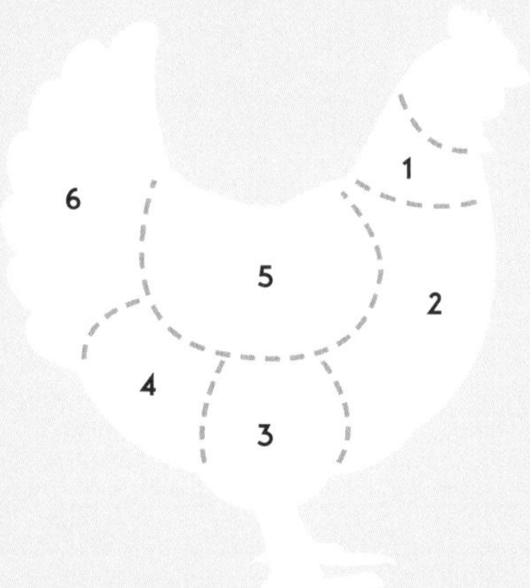

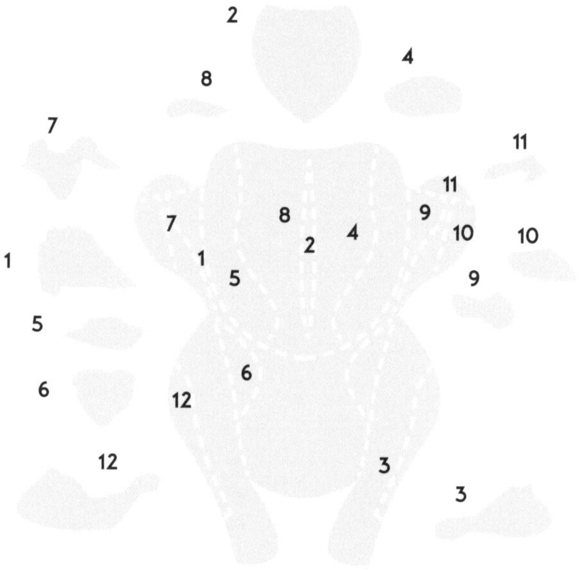

Poulet sur pattes

1. Cou
2. Poitrine
3. Cuisse (pilon)
4. Haut de cuisse
5. Aile
6. Croupion

Les morceaux face aux découpes

1. Suprême
2. Poitrine
3. Pilon
4. Filet
5. Filet sans peau
6. Haut de cuisse
7. Aile
8. Aiguillette
9. Manchon
10. Médiane
11. Pointe
12. Cuisse entière

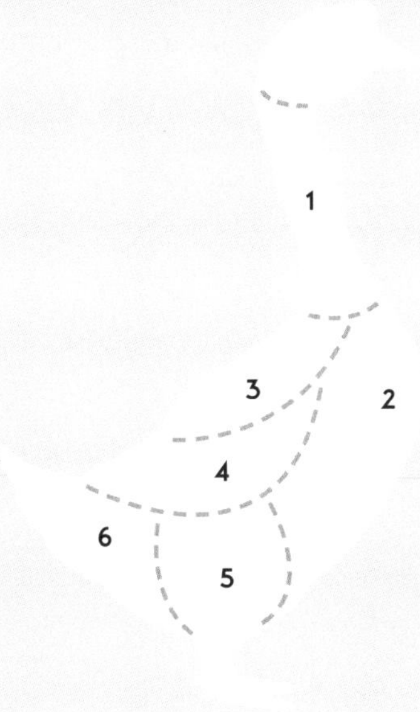

Oie

1. Cou
2. Aiguillette, magret, gésier et foie
3. Manchon
4. Aile
5. Cuisse
6. Croupion

Canard

1. Langue
2. Cou
3. Aiguillette
4. Magret
5. Gésiers
6. Cœur
7. Foie
8. Aileron
9. Manchon
10. Croupion
11. Cuisse

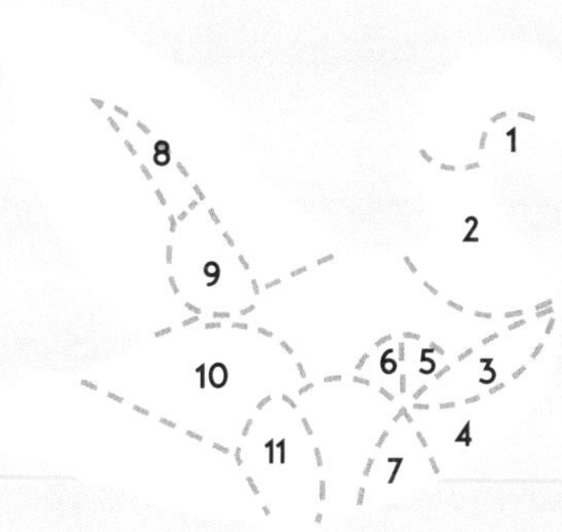

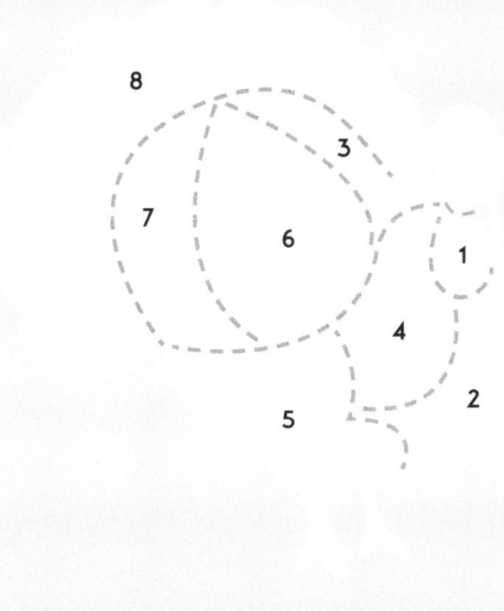

Dinde

1. Cou
2. Filet
3. Manchon
4. Haut de cuisse
5. Cuisse
6. Aile
7. Pointe d'aile
8. Croupion

RECETTE POUR	PRÉPARATION	MARINADE	CUISSON
4 PERSONNES	15 MINUTES	1 HEURE	25 MINUTES

Les coquelets
façon chich taouk

de Patrick Laine

INGRÉDIENTS

2 coquelets
150 g de concentré de tomates
50 g de yaourt grec
50 g de pâte de piment
10 g de paprika
8 g de coriandre
10 g d'ail
5 cl de jus de citron
Huile d'olive
300 g de riz basmati
50 g de beurre
1 bâton de citronnelle
75 cl d'eau de coco
1 citron vert
Sel

1 Mélangez le concentré de tomates, le yaourt grec, la pâte de piment, le paprika, la coriandre hachée, l'ail haché, le jus de citron et 1 c. à soupe d'huile d'olive.

2 Découpez les coquelets en morceaux (ou demandez à votre boucher) et faites-les mariner dans la préparation 1 h au frais.

3 Préchauffez le four à 180 °C. Faites chauffer de l'huile d'olive dans une cocotte, saisissez-y la volaille, puis terminez la cuisson au four pendant 15 min. Sortez la viande et laissez-la refroidir 10 min.

4 Dans une cocotte, faites revenir le basmati dans le beurre afin de le nacrer. Ajoutez le bâton de citronnelle, salez et ajoutez l'eau de coco. Portez à ébullition, couvrez, puis enfournez à 180 °C pour 20 min. Une fois qu'il est cuit, égrainez le riz. Râpez un peu de citron vert dessus et mélangez avant de servir avec les coquelets.

Le Monégasque

Après avoir sublimé la gastronomie savoyarde aux côtés de Marc Veyrat, **Patrick Laine** se fait l'ambassadeur des saveurs méditerranéennes depuis qu'il a intégré la Société des Bains de Mer de Monte-Carlo (Monaco). Il y exerce ses talents de chef au sein des plus prestigieux établissements du rocher comme le célèbre Hôtel de Paris.

RECETTE POUR	PRÉPARATION	CUISSON
4 PERSONNES	40 MINUTES	20 MINUTES

Les foies aux morilles

de Georges Blanc

INGRÉDIENTS

4 foies blonds de poulardes de Bresse
Beurre de Bresse
5 cl de vin jaune
20 cl de crème fraîche de Bresse
12 belles morilles d'Auvergne
Vinaigre de vin jaune
12 pointes d'asperges vertes de Pertuis
Sel, poivre

1 Dans une casserole, faites sauter au beurre les foies, pour qu'ils soient légèrement rosés. Salez, poivrez. Déglacez la casserole avec le vin jaune. Ajoutez la crème fraîche et portez à ébullition, pour donner de la consistance. Pour plus de velouté, vous pouvez aussi ajouter une noisette de beurre manié (mélange à parts égales de beurre et de farine utilisé pour lier les sauces).

2 Étuvez les morilles, puis relevez de vinaigre de vin jaune pour ajouter une note d'acidité. Dressez les morilles à côté des foies blonds dans le plat de service. Cuisez à l'eau salée les pointes d'asperges vertes. Refroidissez-les, puis placez-les délicatement dans une poêle. Saisissez rapidement dans du beurre, salez et poivrez.

3 Ajoutez le bouquet d'asperges vertes dans le plat de service, et servez avec la crème au vin jaune. Vous pouvez agrémenter de fines tranches de pain de campagne toastées.

Le Bressan

Mondialement reconnu, à Vonnas (Ain), le restaurant gastronomique triplement étoilé qui porte son nom est titulaire d'un incroyable record de longévité : **Georges Blanc** n'a jamais perdu la première étoile que sa grand-mère, Élisa, avait obtenue en 1929 !

Trois vins pour le bon accord

UN MÂCON-VILLAGES
Cet excellent vin sec et fruité est produit par le domaine d'Azenay, propriété de Georges Blanc.
Cuvée Fleur d'Azenay, domaine d'Azenay, à partir de 14,50 €.

UN MOULIN-À-VENT
Issu du vignoble du Beaujolais, ce vin rond aux tanins bien présents offre un très bon rapport qualité/prix.
Moulin-à-vent Georges Dubœuf, à partir de 15,30 €.

UN VIN DU JURA
Les arômes riches et puissants de ce château-chalon se marient à merveille avec une sauce à la crème et des morilles.
Château-chalon, domaine Berthet-Bondet, à partir de 47,50 €.

Cutipol
Cutipol

Poissons

RECETTE POUR
4 PERSONNES

PRÉPARATION
30 MINUTES

MARINADE
20 MINUTES

Le poke bowl au quinoa, agrumes et saumon cru

d'Anthony Denon

INGRÉDIENTS

350 g de saumon cru
200 g de quinoa cuit
2 oranges
2 oranges sanguines
2 pamplemousses
Huile d'olive
½ gousse d'ail
20 g de gingembre
1 oignon rouge
Vinaigre balsamique
20 radis
2 avocats
20 g de graines de sésame
Piment d'Espelette en poudre
½ botte de coriandre
½ botte de persil
Sel, poivre

1 Recouvrez le saumon de 10 g de sel et laissez reposer 10 min. Rincez-le et coupez-le en cubes. Pressez ½ orange, ½ orange sanguine et ½ pamplemousse. Mélangez ces jus avec 2 c. à soupe d'huile d'olive. Ajoutez l'ail haché et le gingembre râpé.

2 Faites mariner l'oignon émincé 10 min dans 4 c. à soupe de vinaigre balsamique. Coupez en petits morceaux les radis, les avocats et le reste des agrumes. Assaisonnez le quinoa cuit avec les graines de sésame, de l'huile d'olive, du sel, du poivre et une pointe de piment d'Espelette. Ciselez la coriandre et le persil. Répartissez les aliments dans des bols et arrosez de sauce aux agrumes, ail et gingembre.

Un cuisinier responsable et gourmand

Anthony Denon s'attache à faire rimer gastronomie avec alimentation équilibrée et responsable dans une cuisine qui fait la part belle au végétal, au bio ou encore au zéro déchet. Le tout en ne reniant pas de belles bases classiques. Un pari gagnant qui lui vaut une étoile pour la cuisine qu'il signe au Baudelaire, la table gastronomique de l'hôtel Le Burgundy (Paris 1er).

RECETTE POUR	PRÉPARATION	MARINADE	CUISSON
4 PERSONNES	40 MINUTES	2 HEURES	20 MINUTES

La caponata
et rougets
de Flora Mikula

INGRÉDIENTS

4 rougets de roche (200 g chacun)
20 cl d'huile d'olive
+ pour la cuisson
Thym
1 citron confit
1 courgette
1 aubergine
1 poivron rouge
50 g de câpres à queue
50 g d'olives noires
50 g de pignons de pin
2 gousses d'ail
125 g de tomates cerises
4 c. à soupe de vinaigre balsamique
1 c. à soupe de miel
Piment d'Espelette en poudre
½ bouquet de basilic
Sel

1 Grattez et videz les rougets. Mettez-les à mariner 1 h dans l'huile d'olive et le thym mélangés. Répartissez la chair du citron confit dans les rougets. Laissez mariner encore 1 h minimum.

2 Coupez les légumes, sauf les tomates, en dés de 5 mm de côté. Coupez en quatre les câpres et les olives. Faites griller les pignons de pin. Faites cuire les légumes à la poêle, les uns après les autres, dans de l'huile d'olive. Réservez. Dans la même poêle, mettez l'ail haché, les tomates cerises, les pignons, les câpres, les olives, le vinaigre balsamique et le miel. Faites revenir 2 min, puis ajoutez les légumes. Mélangez, salez et ajoutez le piment d'Espelette et le basilic émincé. Réservez.

3 Cuisez les rougets au four avec la marinade, ou à la plancha, 3 min de chaque côté. Servez-les avec la caponata, chaude ou froide selon votre goût.

L'enfant du Sud

Après avoir eu plusieurs restaurants qui lui ont valu d'être étoilée, cette enfant du Sud née à Nîmes aime dire qu'elle vient du « pays de la ratatouille » ! Aujourd'hui, avec sa bonne humeur toute méridionale, **Flora Mikula** signe les cartes de plusieurs adresses parisiennes parmi lesquelles, Marcello (Paris 6e), l'Alma (Paris 7e) ou encore le tout récent Kimono (Paris 6e).

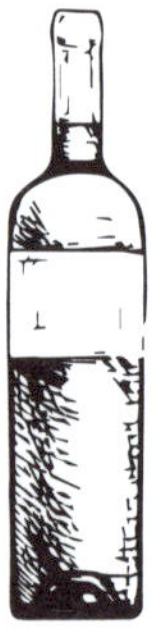

Deux bouteilles pour le bon accord

UN CHAMPAGNE
Cette cuvée pleine de fraîcheur – et à petit prix – est idéale pour accompagner ce plat, léger et printanier.
Jacques Picard, cuvée Brut Iconique, à partir de 23,80 €.

UN ROSÉ DE PROVENCE
Ce vin bio de qualité alliant fraîcheur et acidité se marie idéalement avec les rougets grillés de Flora Mikula.
Cuvée L'Instant rosé, château Barbanau, à partir de 13 €.

Il est frais mon poisson !

Devant l'étal, vous devez prêter attention à plusieurs détails pour vous assurer de la fraîcheur de votre poisson.

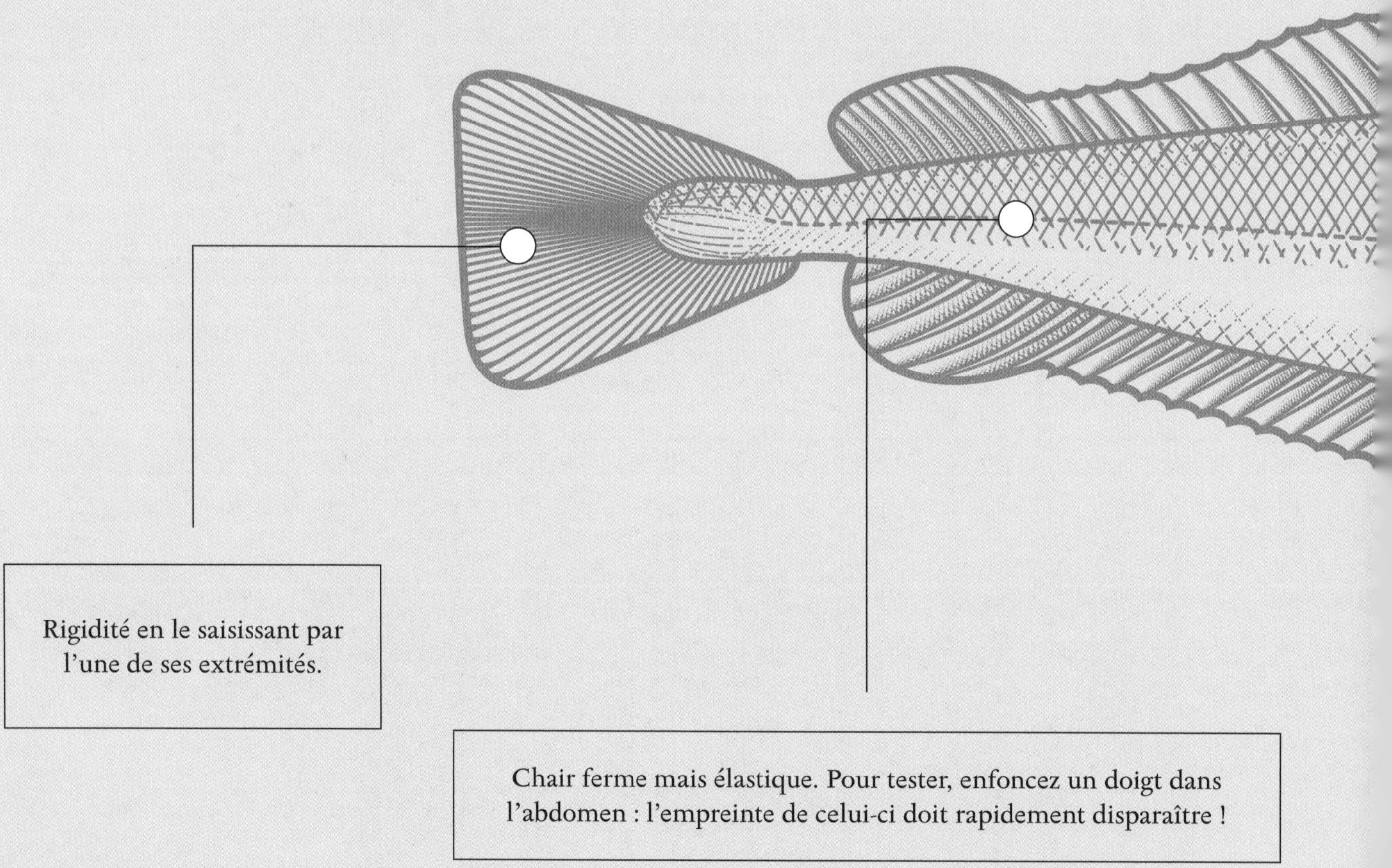

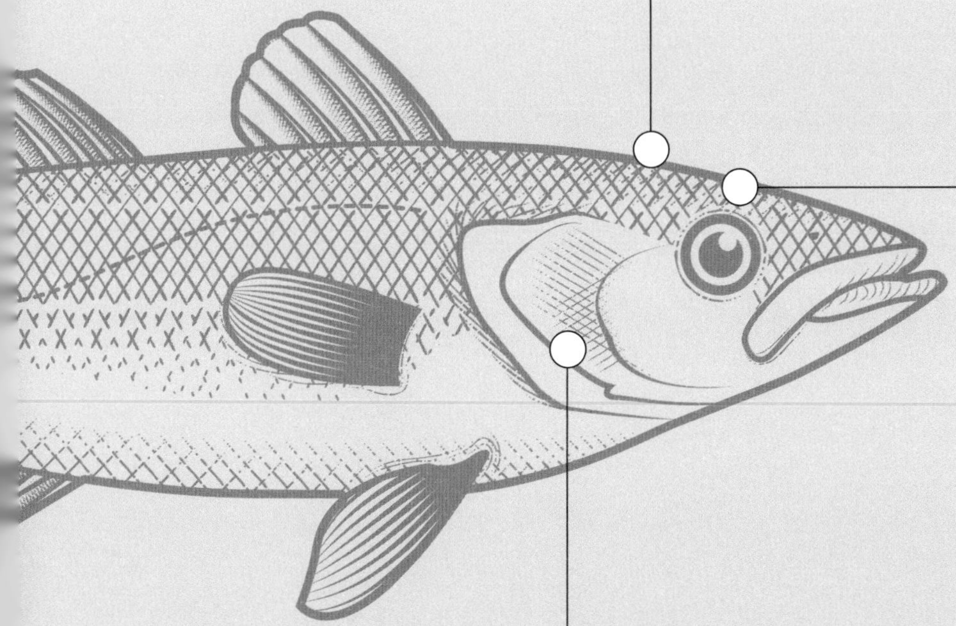

Fiez-vous à votre odarat !

Un poisson frais dégage peu d'odeurs, si ce n'est celles des algues et de l'iode. S'il sent l'ammoniac, c'est qu'il a été pêché il y a longtemps ou qu'il n'a pas été bien conservé au froid.

Quid du poisson surgelé ?

Contrairement à la viande, le poisson supporte bien la surgélation. Si le poisson frais que l'on vous propose ne vous convient pas, pensez à cette alternative.

RECETTE POUR	PRÉPARATION	REPOS	CUISSON
4 PERSONNES	35 MINUTES	3 HEURES	1 HEURE 25

Le cabillaud façon chakchouka

de Gilles Goujon

INGRÉDIENTS

4 beaux pavés de cabillaud
3 courgettes
2 aubergines
1 poivron rouge
1 citron confit
1 oignon blanc
2 gousses d'ail
4 branches de thym
4 c. à soupe d'huile d'olive
200 g de tomates concassées
70 g de concentré de tomates
½ c. à café de gingembre en poudre
½ c. à café de ras el-hanout
½ c. à café de cumin en poudre
½ c. à café de curry en poudre
2 oignons nouveaux
100 g de gros sel
Sel, poivre

1 Déposez les pavés de cabillaud dans un plat et recouvrez-les de gros sel. Laissez reposer 30 min. Rincez-les et plongez-les dans un grand volume d'eau glacée pendant 2 h 30 pour resserrer les chairs.

2 Préchauffez le four à 170 °C. Coupez les courgettes en bâtonnets, les aubergines en rondelles, le poivron et le citron confit en petit dés. Ciselez finement l'oignon blanc et 1 gousse d'ail, puis faites-les revenir dans une sauteuse avec le thym dans 3 c. à soupe d'huile d'olive. Salez et poivrez. Ajoutez les aubergines, le citron confit, les courgettes et le poivron, et laissez mijoter à feu très doux 20 min. Ajoutez les tomates concassées et le concentré de tomates, et poursuivez la cuisson 10 min. Ajoutez les épices et un peu d'eau pour détendre. Mélangez bien. Transférez dans un plat et enfournez.

3 Au bout de 30 min, montez le four à 180 °C, posez les pavés de cabillaud sur la tchoutchouka et poursuivez la cuisson 15 min.

4 Coupez les oignons nouveaux en quatre pour détacher les pétales. Ciselez 1 gousse d'ail en fines lamelles. Faites chauffer 1 c. à soupe d'huile d'olive dans une casserole. Faites dorer les pétales d'oignons et l'ail 10 min. Déposez les oignons et l'ail sur le cabillaud et servez rapidement.

Le magicien des Corbières

Triple étoilé depuis 2010, **Gilles Goujon** marque les esprits avec des plats signature comme son fameux œuf poule « Carrus » pourri de truffes melanosporum sur une purée de champignons et truffes, briochine tiède et capuccino à boire à découvrir à son Auberge du Vieux Puits de Fontjoncouse (Aude).

RECETTE POUR	PRÉPARATION	REPOS	CUISSON
4 PERSONNES	20 MINUTES	20 MINUTES	25 MINUTES

Le cabillaud, rougail citron et risotto

de Kelly Rangama

INGRÉDIENTS

500 g de filet de cabillaud
Huile d'olive
100 g de gros sel

Rougail citron

½ citron jaune
½ citron vert
1 piment oiseau
1 échalote
1 c. à soupe d'huile d'olive
1 pincée de gros sel

Risotto

250 g de riz arborio
1 oignon
50 g de beurre
5 cl de vin blanc
50 cl de bouillon de poule
1 c. à café de curcuma en poudre
2 clous de girofle
Sel

1 Mettez le filet de cabillaud dans le sel pendant 20 min environ. Rincez à l'eau froide et découpez en portions de 125 g. Saisissez-les dans une poêle antiadhésive avec un filet d'huile d'olive. Terminez la cuisson au four à 180 °C, pendant 2 ou 3 min.

2 Préparez le rougail citron : coupez les citrons en quartiers, puis émincez-les en fines lamelles. Pilez le gros sel et le piment dans un mortier jusqu'à obtenir une pâte. Mélangez le citron, la pâte de piment, l'échalote ciselée et l'huile d'olive.

3 Préparez le risotto : ciselez l'oignon. Laissez fondre le beurre dans une casserole. Faites-y suer l'oignon ciselé, puis ajoutez le riz. Faites nacrer, puis déglacez avec le vin blanc. Laissez le riz absorber le vin tout en remuant. Mouillez à hauteur du riz avec le bouillon. Ajoutez le curcuma et les clous de girofle. Salez. Laissez le bouillon imbiber le riz avant de remouiller jusqu'à obtenir la cuisson souhaitée (entre 12 et 15 min).

4 Déposez le risotto dans une assiette creuse et, par-dessus, le cabillaud recouvert de rougail citron.

Étoilée réunionnaise

Aperçue dans l'émission *Top Chef* en 2017, **Kelly Rangama** a ouvert son propre restaurant gastronomique, baptisé Le Faham (Paris 17e) en 2019, avec son époux, le chef pâtissier Jérôme Devreese. Avec sa cuisine créative aux couleurs de son île de La Réunion natale, il ne lui aura fallu ensuite qu'un an pour décrocher une étoile !

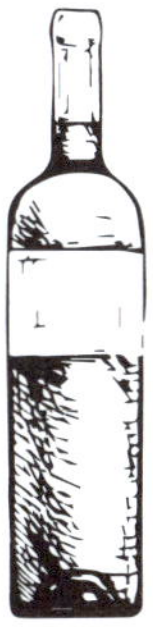

Trois bouteilles pour le bon accord

UN PETIT-CHABLIS
Avec ses arômes de fleurs blanches, ce blanc bio révèle une agréable fraîcheur. Il est si gourmand qu'on peut aussi l'ouvrir pour l'apéritif.
Domaine Isabelle et Denis Pommier, à partir de 14 €.

UN SAINT-JOSEPH
Ce rouge bio, réalisé à partir d'un cépage syrah, concilie douceur, fruité et équilibre avec de beaux arômes de cerises mûres légèrement épicées.
Cuvée Promesse, domaine Sylvain Badel, à partir de 19,50 €.

UN PINOT GRIS
Un bourgogne blanc produit au confins de l'appellation, sur les côteaux dominant la ville de Joigny, dans l'Yonne. Avec ses arômes floraux, il est sec et frais.
Domaine Cyril Houzé, à partir de 7,80 €.

RECETTE POUR	PRÉPARATION	CUISSON
4 PERSONNES	25 MINUTES	15 MINUTES

Le dos de cabillaud rôti

d'Antoine Westermann

INGRÉDIENTS

4 morceaux de cabillaud (160 g chacun)
200 g de carottes
50 g de beurre
40 g de raisins de Corinthe
40 g d'amandes du Douro
60 g de dattes dénoyautées
4 brins de coriandre
Sel, poivre

Vinaigrette

10 cl d'huile d'olive
3 cl de vinaigre de Xérès
10 g de mélange d'épices (ras el-hanout, anis vert et piment d'Espelette)

1 Coupez les carottes en rondelles de 5 mm d'épaisseur. Dans une poêle, faites fondre un peu de beurre. Faites-y dorer les carottes 5 min. Salez et poivrez. Recouvrez d'eau et laissez mijoter 10 min. Ajoutez les raisins, les amandes et les dattes, puis laissez encore mijoter 5 min. Récupérez le jus de cuisson et faites-le réduire jusqu'à obtenir un liquide sirupeux.

2 Préchauffez le four à 180 °C. Dans une poêle, faites fondre le reste du beurre. Poêlez-y le cabillaud 5 min, puis enfournez pour 5 min. Pendant la cuisson, préparez la vinaigrette avec le jus des carottes, l'huile d'olive, le vinaigre et les épices.

3 Déposez chacun des morceaux de poisson dans une assiette creuse. Répartissez autour le mijoté de carottes et fruits secs. Arrosez l'ensemble de vinaigrette et parsemez de coriandre ciselée.

« Volaillologue » et bien plus...

Longtemps triple étoilé en Alsace, puis à la tête de son bistrot « légumier » Mon vieil Ami et du célèbre restaurant Drouant, **Antoine Westermann** se fait aujourd'hui le chantre d'une gastronomie accessible qu'il propose dans son bistrot Le Coq & Fils spécialisé dans les belles volailles. À moins que, comme pour sa recette, il cuisine simplement pour ses petits-enfants...

RECETTE POUR 4 PERSONNES | PRÉPARATION 30 MINUTES | CUISSON 30 MINUTES

Le tajine de lotte, carottes et olives noires

d'Éric Guérin

INGRÉDIENTS

500 g de lotte
100 g de semoule moyenne
12 petites carottes
30 g d'olives noires
20 cl d'eau
4 c. à soupe d'huile d'olive
2 gousses d'ail
1 gros oignon
1 citron confit
1 l de jus de carotte bio
2 pincées de cannelle en poudre
2 pincées de piment d'Espelette en poudre
2 pincées de cumin en poudre
4 brins de coriandre
Sel

1 Humidifiez la semoule avec l'eau et 2 c. à soupe d'huile d'olive. Salez et laissez gonfler à froid en remuant deux fois. Réservez.

2 Ciselez finement les gousses d'ail et l'oignon. Hachez grossièrement le citron confit. Faites chauffer 2 c. à soupe d'huile d'olive dans une casserole. Ajoutez l'ail et l'oignon, et faites-les dorer 5 min en mélangeant régulièrement. Ajoutez le jus de carotte, les olives noires, le citron confit haché, la cannelle, le piment d'Espelette et le cumin. Laissez mijoter 5 min avant d'ajouter les carottes entières. Poursuivez la cuisson 10 min.

3 Détaillez la lotte en quatre morceaux. Assaisonnez-les. Ajoutez les parts de poisson dans la casserole et laissez cuire à nouveau 10 min. Récupérez ensuite 100 g de jus de cuisson du tajine et versez-le sur la semoule. Laissez reposer 5 min avant de l'égrainer. Répartissez la semoule dans les assiettes, déposez la lotte à côté avec les carottes, les olives et un peu de jus. Parsemez de coriandre ciselée et servez.

Le Briéron

Si le chef **Éric Guérin** aime tant voyager, c'est sans doute pour mieux apprécier, à son retour, la sérénité de son petit village de Saint-Joachim (Loire-Atlantique), entre Nantes et La Baule, au cœur du marais de la Brière qui inspire depuis plus de vingt ans la cuisine de son restaurant étoilé La Mare aux Oiseaux.

La pêche responsable !

On entend souvent parler du problème de la surpêche et de la mise en place de quotas, chaque consommateur, à son échelle, peut déjà contribuer à préserver les ressources de la mer en prêtant attention aux modes de pêche, aux espèces et à la provenance de ce qu'il achète.

LES MODES DE PÊCHE À PRIVILÉGIER

Chalut, senne, drague… la plupart de ces techniques présente plusieurs inconvénients à plus ou moins grande échelle :

- destruction des fonds marins par râclage ;
- capture de nombreuses espèces non désirées ;
- prise d'individus trop petits pour être consommés ;
- écrasement des poissons, les rendant ainsi invendables.

Bien que l'on n'ait pas toujours le choix, il est préférable de choisir des poissons pêchés à la ligne, à la palangre (une ligne munie de plusieurs hameçons), au filet ou au casier, qui sont des techniques plus respectueuses de la vie sous-marine.

Consommer malin et plus respectueux

Entre le bilan carbone, la mise en péril des communautés locales (la pêche leur permet de se nourrir) et la piètre qualité de ces poissons venant de l'autre bout du monde, il est souvent plus judicieux de se tourner vers des produits issus des eaux proches de la France.

Point conso et provenance par les chiffres !

35 kg

de produits de la mer sont consommés par hab/an !

24 kg

parmi ces 35 kg sont importés (majoritairement d'Europe)

14 %

des produits marins sont importés d'Asie

9 %

sont importés d'Amérique du Sud.

80 %

des espèces propres à la consommation sont surexploitées ou pleinement exploitées

* Sources : ONG Aquaculture Stewardship Council / rapport 2022 de France Agrimer « Consommation des produits de la pêche et de l'aquaculture » / Greenpeace.

BIEN CHOISIR SELON SA PROVENANCE !

Selon les côtes françaises où une espèce est pêchée, elle peut être plus ou moins menacée. Ainsi, le merlu de méditerranée est en danger tandis que le merlu de l'Atlantique est encore en stock suffisant.

Bon état

Coquille Saint-Jacques
Manche

Baudroie
Golfe de Gascogne, mer Celtique

Merlu
Golfe de Gascogne, mer Celtique, mer du Nord

Hareng
Mer du Nord

Raie fleurie
Golfe de Gascogne, mer Celtique

En reconstruction

Thon rouge
Méditerranée, Atlantique

Reconstituable

Lieu jaune
Golfe de Gascogne

Merlan
Golfe de Gascogne

Sole
Golfe de Gascogne, Manche Est, mer du Nord

Bar
Manche, mer du Nord, golfe de Gascogne

Surpêchée

Maquereau
Atlantique

Surpêchée et dégradée

Sardine
Golfe de Gascogne, mer Celtique, Manche, mer du Nord

Effondrée

Lieu jaune
Mer celtique, Manche, mer du Nord

Merlu
Méditerranée

* Source : Ifremer 2024, J. Barrault. *Évaluation 2023 : exemples de populations de poissons classées selon leur état.*

DES ESPÈCES QUI GAGNENT À ÊTRE CONNUES !

Elles présentent tout autant d'intérêt gustatif – tout en étant souvent moins chères –, et cela permet de préserver les différentes ressources en poissons et de lutter contre la surexploitation. Voici quelques espèces que l'on peut trouver dans les eaux françaises :

La petite roussette

Si la grande roussette commence à être victime de la surpêche, la petite roussette (appelée aussi « saumonette ») est encore en stock suffisant. Possédant uniquement un cartilage central, elle est dépourvue d'arêtes : idéale pour les enfants !

Le maigre

Poisson à la chair ferme et fine dont la texture rappelle celle du bar, il est peu présent sur les étals des poissonniers.

Le mulet

Sa chair blanche et maigre est quasi dépourvue d'arêtes. Se prêtant à tous les modes de cuisson, on peut aussi l'acheter fumé.

La vieille

Ne vous fiez pas à son nom ! Avec ses belles couleurs allant du marron au rouge orangé, ce poisson possède une chair tendre et savoureuse…

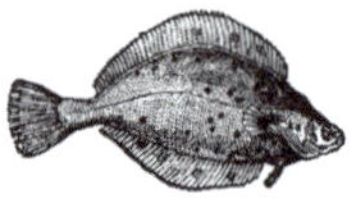

La cardine

Sa chair blanche et ferme est particulièrement délicieuse. Proche de la limande, son prix est très bon marché mais il est difficile de la rencontrer sur les étals.

Le tacaud

C'est un poisson à la chair fine mais très fragile car, une fois pêché, il perd rapidement ses qualités gustatives. De ce fait, on le trouve plus souvent chez les poissonniers proches du bord de mer.

Le chinchard

Souvent confondu avec le maquereau, sa chair blanche translucide et ferme est moins puissante que celle de la sardine ou du maquereau. Comme beaucoup de poissons méconnus, il présente l'avantage de coûter peu cher.

Les labels : une valeur pas toujours sûre

Les cahiers des charges des labels sont souvent imprécis ou renvoient seulement à la qualité du poisson et non à la façon dont il est pêché.

Fiez-vous plutôt à l'écolabel Pêche Durable (depuis 2014) ou aux labels qui certifient une pêche à la ligne (Ligneurs de la Pointe de Bretagne, Ligneurs de l'île Vierge…). Le consoguide du WWF disponible en ligne est aussi une bonne source qui indique la façon dont sont capturés les poissons selon leurs zones de pêche !

À CHAQUE POISSON SA SAISON !

Pour bien choisir votre poisson, il est essentiel de s'intéresser à leur saisonnalité, qui s'explique par leur cycle de vie. Certains ne sont présents qu'à certains moments de l'année, d'autres vivent toujours au même endroit mais ont besoin de temps et de tranquillité pour se reproduire (et donc perpétuer l'espèce). Aussi, toutes les espèces ne grandissent pas à la même vitesse et il faut laisser le temps à certaines d'arriver à l'âge adulte. Pour ne plus vous perdre devant l'étal du poissonnier, ce calendrier de la saisonnalité des poissons pourrait vous être utile...

Goût et budget

Acheter un poisson dont c'est la saison, c'est l'assurance d'avoir un produit savoureux et souvent moins cher !

	J	F	M	A	M	J	J	A	S	O	N	D
Anchois									🐟	🐟	🐟	
Bar	🐟	🐟	🐟	🐟			🐟	🐟	🐟	🐟	🐟	🐟
Cabillaud / morue	🐟	🐟	🐟	🐟	🐟	🐟	🐟	🐟	🐟	🐟	🐟	🐟
Cardine	🐟	🐟	🐟	🐟	🐟	🐟	🐟	🐟	🐟	🐟	🐟	🐟
Chinchard				🐟	🐟	🐟	🐟	🐟	🐟	🐟		
Dorade grise	🐟	🐟								🐟	🐟	🐟
Flétan	🐟		🐟	🐟	🐟	🐟	🐟	🐟	🐟	🐟	🐟	🐟
Hareng	🐟									🐟	🐟	🐟
Lieu jaune	🐟	🐟	🐟									🐟
Lieu noir		🐟	🐟	🐟	🐟							
Limande					🐟	🐟	🐟	🐟	🐟	🐟		
Lotte/baudroie				🐟	🐟							
Maigre							🐟	🐟	🐟	🐟		
Maquereau			🐟	🐟	🐟							
Merlan	🐟	🐟	🐟	🐟	🐟	🐟	🐟	🐟	🐟	🐟	🐟	🐟
Merlu			🐟	🐟	🐟	🐟	🐟					
Mulet					🐟	🐟	🐟	🐟		🐟	🐟	🐟
Petite roussette	🐟	🐟	🐟	🐟	🐟	🐟	🐟	🐟	🐟	🐟	🐟	🐟
Raie fleurie	🐟	🐟	🐟	🐟	🐟	🐟	🐟	🐟	🐟	🐟	🐟	🐟
Sardine					🐟	🐟	🐟	🐟	🐟	🐟		
Saint-pierre					🐟	🐟	🐟	🐟	🐟			
Sole			🐟	🐟								
Tacaud	🐟	🐟			🐟	🐟	🐟	🐟	🐟	🐟	🐟	🐟
Vieille	🐟	🐟	🐟	🐟	🐟	🐟	🐟	🐟	🐟	🐟	🐟	🐟
Thon blanc / thon germon									🐟	🐟	🐟	🐟

RECETTE POUR	PRÉPARATION	REPOS	CUISSON
4 PERSONNES	20 MINUTES	26 HEURES	10 MINUTES

Le pavé de merlu,
sauce au vin jaune
de Pierre Sang Boyer

INGRÉDIENTS
600 g de filet de merlu
3 cl de vin jaune
1 oignon rouge
5 cl de vinaigre de vin vieux
100 g de sucre en poudre
Le jus de 4 oranges sanguines
5 cl de vinaigre de Xérès
12 cl de crème liquide
8 asperges vertes
1 noix de beurre
7 g de sel

1 Enlevez les deux extrémités de l'oignon rouge, puis coupez-le en deux. Otez le cœur et taillez le reste en julienne. Réservez. Faites bouillir le vinaigre de vin vieux et 50 g de sucre, puis versez sur les oignons rouges. Laissez à température ambiante 2 h, puis mettez au frais 24 h minimum.

2 Faites un caramel avec 50 g de sucre. Ajoutez le jus des oranges sanguines et le vinaigre de Xérès. Réduisez doucement de trois quarts et laissez refroidir. Mélangez avec la crème liquide, le vin jaune et le sel, et émulsionnez à l'aide d'un mixeur plongeant. Pelez les tiges des asperges, coupez le bas de façon à ce qu'elles fassent la même taille, puis cuisez-les dans de l'eau bouillante pendant 4 min. Plongez-les dans une eau glacée pour arrêter la cuisson, essuyez-les. Grillez-les de chaque côté au grill ou au barbecue.

3 Découpez le filet en quatre pavés de 150 g, en ayant au préalable enlevé les arêtes. Démarrez la cuisson côté peau dans une poêle chaude, ajoutez une noix de beurre et retournez-les. Arrosez. Dressez avec les asperges, les pickles d'oignon et la crème, et servez.

Le Franco-Coréen

Le finaliste de l'édition 2011 de *Top Chef* a depuis parcouru un bon bout de chemin. **Pierre Sang Boyer** est à la tête de trois restaurants rue Gambey, à Paris (11e), du bistrot à la table gastronomique. Il y propose une cuisine à la croisée de la France, son pays d'adoption, et de la Corée, où il est né.

Cutipol

RECETTE POUR	PRÉPARATION	CUISSON
4 PERSONNES	10 MINUTES	15 MINUTES

La sole au plat façon meunière

d'Olivier Nasti

INGRÉDIENTS
4 soles (400 g chacune)
ou 2 soles (800 g chacune)
Farine
1 c. à soupe d'huile d'arachide
100 g de beurre
Le jus de 1 citron
Persil
Sel, poivre

1. La cuisson de la sole se fait en deux temps, à la poêle, puis au four. Demandez à votre poissonnier de préparer les poissons en coupant la tête, la queue, en retirant la peau ainsi que les arêtes latérales.

2. Préchauffez le four à 180 °C. Farinez les soles en veillant bien à retirer le surplus de farine. Dans une poêle en fonte, versez l'huile d'arachide et posez les soles. Il est essentiel de commencer ainsi la cuisson à l'huile pour éviter que le beurre ne brûle. Après 5 min de cuisson, retournez les soles et placez quelques généreuses noix de beurre dessus.

3. Enfournez dans un plat adapté pour 4 ou 5 min. À mi-cuisson, sortez les soles du four et arrosez-les de beurre des deux côtés. Remettez au four pour terminer la cuisson. Lorsque les soles sont cuites, arrosez de jus du citron, salez, poivrez et parsemez de persil haché. Servez sans attendre.

L'Alsacien gourmand

Double étoilé, Meilleur Ouvrier de France, chef de l'année 2023 pour le guide Gault & Millau, **Olivier Nasti** est à la tête du restaurant La Table d'Olivier Nasti situé au cœur de l'Alsace, à Kaysersberg (Haut-Rhin), un des plus beaux villages de France. En plus de l'auberge traditionnelle alsacienne qu'il propose aussi parallèlement, il a dévoilé une boulangerie en 2022, et une chocolaterie en 2023.

Trois blancs pour le bon accord

UN PINOT GRIS D'ALSACE
Un vin à l'expression de mirabelle, avec des nuances de noisette en fin de bouche.
Pinot gris tradition, domaine Materne Haegelin & Filles, à partir de 12,55 €.

UN IGP ISÈRE
Ce vin blanc frais et minéral sublimera la finesse de la chair de la sole.
Cuvée Altesse, domaine Nicolas Gonin, à partir de 16 €.

UN SAINT-VÉRAN
Un chardonnay élevé en barrique, aux arômes beurrés et délicatement noisetés.
Cuvée Les Pommards, domaine Robert-Denogent, à partir de 30 €.

RECETTE POUR	PRÉPARATION	CUISSON
6 PERSONNES	35 MINUTES	30 MINUTES

Le lieu jaune croustillant, purée au tandoori et pommes caramélisées

de Pierre Gagnaire

INGRÉDIENTS

6 pavés de lieu jaune avec la peau (120 g chacun)
1,5 kg de pommes de terre Bintje
1 c. à café de tandoori (mélange d'épices indien)
175 g de beurre
15 cl de lait
15 cl de crème fraîche
2 pommes Royal Gala
3 c. à soupe de sucre en poudre
3 c. à soupe de farine de pois chiches
Huile d'olive
Le jus de 1 citron
Sel, poivre

1 Faites cuire les pommes de terre à l'eau bouillante salée, épluchez-les et écrasez-les à la fourchette. Ajoutez le tandoori et 100 g de beurre. Versez le lait et la crème dans une casserole, faites bouillir, puis incorporez à la purée.

2 Coupez les pommes en petits quartiers. Faites-les rôtir dans 25 g de beurre. Saupoudrez de sucre, prolongez la cuisson jusqu'à caramélisation.

3 Roulez les pavés de lieu, côté peau, dans la farine de pois chiches. Tapotez pour retirer l'excédent.

4 Faites cuire côté peau dans une poêle antiadhésive avec un peu d'huile d'olive. Quand la peau est dorée et croustillante, retirez le poisson, nettoyez la poêle, puis remettez-le à cuire dans 50 g de beurre, pendant 3 min environ. Décollez les sucs de cuisson en versant dans la poêle le jus du citron. Salez et poivrez.

5 Sur de grandes assiettes plates, disposez 1 grosse c. à soupe de purée, des quartiers de pommes, 1 pavé de lieu et le beurre de cuisson. Servez le reste de la purée à part.

L'explorateur

Véritable explorateur du goût capable, comme au premier jour, de surprendre à chaque assiette, **Pierre Gagnaire**, juré de *Top Chef*, est mondialement connu pour la cuisine créative du restaurant parisien triplement étoilé qui porte son nom (Paris 8e). Ses différentes adresses en France et à travers le monde totalisent plus d'une dizaine d'étoiles.

RECETTE POUR	PRÉPARATION	MARINADE	CUISSON
4 PERSONNES	30 MINUTES	30 MINUTES	5 OU 6 MINUTES

Les sardines grillées, tomates confites et oignons nouveaux

de Mauro Colagreco

INGRÉDIENTS

20 sardines moyennes

Marinade

4 tomates
4 oignons nouveaux
4 échalotes
Le jus de 1 citron
2 brins de persil
1 cl de vinaigre de vin blanc
2 cl d'huile d'olive
Sel, poivre

Accompagnement

10 tomates confites (idéalement, de variété San Marzano)
2 oignons cébettes
4 brins de menthe

1 Nettoyez et éviscérez les sardines. Réservez-les au frais.

2 Préparez la marinade : coupez les tomates en quatre, épépinez-les et détaillez-les en dés. Ciselez les oignons nouveaux et les échalotes. Mélangez les dés de tomates, les oignons, les échalotes, le jus du citron, le persil ciselé, le vinaigre et l'huile. Salez et poivrez. Ajoutez les sardines. Laissez mariner 30 min au frais.

3 Préparez l'accompagnement : détaillez les tomates confites en petits morceaux. Ciselez finement les oignons cébettes et effeuillez la menthe.

4 Grillez les sardines au feu de bois 5 ou 6 min, selon leur taille, en prenant soin de les retourner à mi-cuisson. Répartissez-les dans les assiettes. Ajoutez sur chacune les oignons cébettes, la menthe et les tomates confites. Parsemez de quelques tranches d'échalotes de la marinade et arrosez d'un peu de jus. Rectifiez l'assaisonnement et dégustez sans attendre.

Le maestro de Menton

Pour sa table trois étoiles Mirazur, à Menton (Alpes-Maritimes), **Mauro Colagreco** s'inspire du terroir méditerranéen, français comme italien, pour réaliser une cuisine qui lui a value d'être élu Meilleur Restaurant du Monde par le classement *The World's 50 Best restaurants* en 2019.

Trois vins pour le bon accord

UN VIN ITALIEN
Un blanc corsé – les raisins macèrent avec leur peau –, produit en Ligurie, à partir d'un cépage vermentino cultivé en terrasses.
Bianco Testalonga, domaine Antonio Perrino, à partir de 21,50 €.

UN PALETTE
Voici l'appellation la plus confidentielle de Provence ! D'une agréable fraîcheur, ce vin riche et suave dévoile des notes de confiseries.
Quintessence, château Henri Bonnaud, à partir de 33 €.

UN BELLET
Produit à Nice, ce blanc est l'un des meilleurs de Provence. Généreux et fruité, il révèle des arômes épicés et mentholés.
Le Clos Blanc, clos Saint-Vincent, à partir de 24,50 €.

Débusquer les bons poissons d'eau douce

L'évocation des poissons d'eau douce est souvent associée dans notre esprit à quelques recettes traditionnelles : truite aux amandes, quenelles de brochet… Mais grâce aux chefs qui s'intéressent au terroir aquatique (cours d'eau et lacs), des saveurs nouvelles ou oubliées sont à découvrir !

LA PISCICULTURE, DES TRÉSORS DANS NOS BASSINS !

C'est grâce à cette activité que la plupart des poissons d'eau douce que nous consommons sont mis sur le marché. L'un des favoris en France demeure la truite, sans doute en partie par sa proximité de goût et de texture avec le saumon. Carpes et brochets sont également élevés de cette manière.

Les élevages présentent parfois des problèmes de qualité : à cause de la surpopulation, les poissons peuvent être malades et pas assez oxygénés. Préférez donc un poisson qui a grandi dans un élevage extensif, bénéficiant du label ASC *(Aquaculture Stewardship Council)*, le pisciculteur s'engage à veiller à la santé des poissons tout en préservant l'environnement) ou bio.

La carpe : un élevage ancien… et sacré !

Après la truite, c'est le poisson le plus produit en pisciculture et le plus consommé (surtout dans l'Est de la France). Originaire d'Asie du Sud-Est, ce sont les Romains qui l'introduisent en Europe. Mais c'est à l'époque médiévale que les moines se mettent à en élever dans des bassins, notamment pour respecter les obligations religieuses imposant de ne pas manger de viande 150 jours par an.

La truite : championne en eau douce ! *

5e

poisson préféré des Français !

1 milliard

de truites produites en Europe chaque année

18 %

produites en France parmi ce milliard !

* Sources : chiffres-clés des filières pêche et aquaculture en France en 2023, FranceAgrimer / L214 / Sea Shepherd.

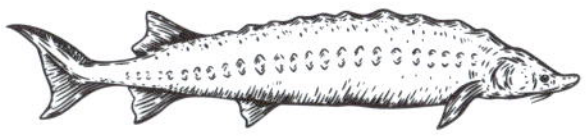

Caviar français et esturgeon

En France, le caviar est principalement produit en Aquitaine. Son prix pouvant être dissuasif, autant faire honneur au poisson dont il est issu en en mangeant aussi les filets !

Gare aux arêtes !

À part le silure, les poissons d'eau douce ont souvent plus d'arêtes que les poissons de mer...

Des poissons caméléons

Les poissons migrateurs, selon leur cycle de vie, peuvent se retrouver aussi bien dans les rivières que dans la mer : saumon, anguille, mulet...

S.O.S. en eau douce

Il n'y a pas que dans la mer que les poissons sont menacés de disparaître. À cause des activités humaines (pollution, construction sur les rivières, surpêche...), certaines espèces sont en danger : anguille, lamproie de rivière, grande alose...

LACS ET RIVIÈRES : LE PARADIS DE LA VARIÉTÉ

Goujon, gardon et ablette se prêtent à merveille aux fritures.

Sandre (représentatif de la Loire même s'il est originaire du Danube et assez rare) et **perche** se satisfont d'un simple beurre blanc. La chair fine de ce dernier ressemble d'ailleurs à celle de la sole ou du saint-pierre.

Barbeau et chevesne (même famille que la carpe) peuvent servir à confectionner des terrines car leur chair est plutôt fade.

Féra et omble chevalier, essentiellement pêchés dans les lacs alpins, sont des mets raffinés grâce à leur délicatesse et leur saveur. On les retrouve désormais à la table des grands restaurants.

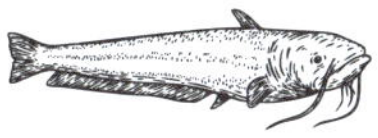

Le silure, très abondant dans nos rivières, présente une chair sans arêtes et assez neutre qui se prête à une multitude de recettes : en terrine, en papillote, rôti... vous aurez l'embarras du choix !

OÙ TROUVER ET DÉGUSTER DE BONS POISSONS D'EAU DOUCE ?

La ressource en poissons d'eau douce est moins importante que celle des poissons de mer et, si l'on n'est pas un pêcheur régulier ou que l'on n'en fréquente pas un, il est parfois difficile de s'en procurer non préparés et originaires de France. D'autant que la qualité des préparations vendues en grande surface, comme les quenelles de brochet, n'est pas toujours au rendez-vous... L'une des solutions est d'acheter du poisson surgelé, en essayant de trouver une provenance locale !

Si vous en avez l'occasion, vous pouvez vous rendre dans des restaurants dont les chefs sont réputés pour leur savoir-faire en matière de poisson d'eau douce : Christophe Hay (Blois), Ambroise Voreux (Bréhémont), Florent Martin (Tours), Vincent Favre Félix (Annecy)...

RECETTE POUR	PRÉPARATION	CUISSON
6 PERSONNES	20 MINUTES	15 MINUTES

Les farfalle à la truite et aux olives

de Denny Imbroisi

INGRÉDIENTS

320 g de farfalle
200 g de filet de truite
2 c. à soupe d'huile d'olive
200 g de ricotta
25 g de beurre
60 g d'olives taggiasca ou d'olives noires de Nice
Quelques baies roses
1 c. à soupe de cerfeuil
Sel, poivre

1 Faites cuire la truite côté peau dans une poêle avec un peu d'huile d'olive pendant 10 min. Lorsqu'elle est cuite, retirez la chair de la peau et émiettez-la. Mixez-la avec la ricotta et réservez.

2 Faites bouillir une casserole d'eau salée, puis plongez-y les farfalle. Laissez-les cuire jusqu'à ce qu'elles soient *al dente*. Égouttez-les en prenant soin de garder un peu d'eau de cuisson. Ajoutez le beurre et remuez bien. Salez et poivrez. Mélangez les pâtes à la sauce à la truite et poivrez en ajoutant peu à peu de l'eau de cuisson pour la détendre. Ajoutez les olives, les baies roses concassées et le cerfeuil ciselé.

L'Italien

Une douzaine d'années après son passage dans *Top Chef*, ce chef né en Calabre a travaillé au sein de prestigieuses brigades en Italie comme en France. Mais **Denny Imbroisi** s'est surtout imposé dans le paysage culinaire parisien en digne représentant de la cuisine transalpine grâce à ses trois établissements, Malro (Paris 3e), Epoca (Paris 7e) et Ida (Paris 15e).

Trois vins pour le bon accord

UN CÔTES-DE-PROVENCE
Ce vin bio aux beaux arômes de fruits blancs mêle, en finale, noisette et amande douce.
Blanc secret, château des Sarrins, à partir de 21 €.

UN BLANC DE CALABRE
Réalisé avec un cépage typiquement italien, cet ansonica (ou inzolia) est frais et vivace.
Ansonica, domaine Calabretta, à partir de 15 €.

UN MÂCON-CHARDONNAY
Ce bio frais et complexe offre un bouquet explosif, aux notes citronnées.
Mâcon-Chardonnay, Bret Brothers, à partir de 18 €.

Coquillages

et crustacés

RECETTE POUR	PRÉPARATION	CUISSON
4 PERSONNES	30 MINUTES	25 MINUTES

La paella

de Christophe Pelé

INGRÉDIENTS

Paella

200 g de riz bomba (ou riz de Valence)
400 g d'encornets
10 cl d'huile d'olive
2 gousses d'ail
200 g de trompettes de la mort
200 g de tomates concassées
2 sachets d'encre de seiche
5 cl de cognac
½ c. à café de pimenton (paprika doux fumé)
40 cl de fumet de langoustines (ou fumet de poisson tout prêt)

Rouille

1 gousse d'ail
3 pistils de safran
50 g de pomme de terre cuite
Un peu de fumet
Huile d'olive
Poivre

1 Versez l'huile dans la poêle à paella et faites colorer l'ail préalablement haché. Ajoutez les trompettes de la mort et faites évaporer l'eau de végétation. Séparez la base, les tentacules, la tête, les centres et les chairs des flancs droit et gauche des encornets. Réservez les flancs pour la fin de la recette. Ajoutez le reste des encornets dans la poêle à paella et faites revenir sans laisser brûler.

2 Préchauffez le four à 160 °C. Poussez tout sur les bords dans la poêle, versez le riz au centre et faites-le suer. Ajoutez les tomates, l'encre et mélangez. Flambez au cognac, ajoutez le pimenton et le fumet. Portez à ébullition pendant 5 min, puis enfournez pour 12 min. Sortez la paella et laissez-la reposer 5 min.

3 Coupez en morceaux les flancs des encornets, faites-les sauter à feu vif et ajoutez-les au plat. Préparez la rouille dans un mortier, en mélangeant tous les ingrédients. Servez votre paella avec la rouille à part.

L'esprit libre

Christophe Pelé est le chef doublement étoilé du Clarence (Paris 8e), un restaurant installé dans un magnifique hôtel particulier qui appartient au domaine Clarence Dillon. Également propriétaire du célèbre domaine viticole bordelais château Haut-Brion, ce chef que certains qualifient d'« un peu rock and roll », a de quoi accompagner sa cuisine déjà pleine de surprises !

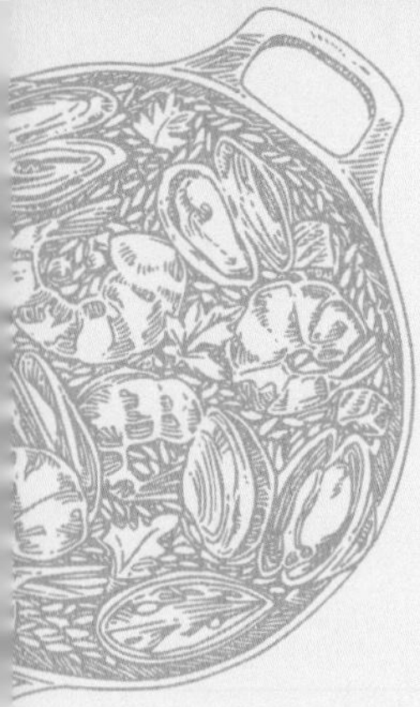

La paella, championne en titre !

Le classement des plats préférés des Français ne se présente pas toujours de la même façon d'une année sur l'autre : poulet-frites, raclette, couscous ou pizza sont continuellement en compétition pour la première place. Mais la paella n'est jamais bien loin du podium les années où elle n'obtient pas une médaille.

À CHACUN SA PAELLA !

Comme pour beaucoup de recettes traditionnelles, il y a les puristes et il y a les autres. D'un côté, les premiers ne jurent que par la « *paella valenciana* », originaire de Valence en Espagne et qui remonterait au XVIIIe siècle. C'est un plat sans crustacés composé simplement, en plus du riz safrané, de lapin, de poulet, de haricots plats d'Espagne, de haricots blancs garrofon et de tomates. De l'autre, il y a une multitude de recettes, appelées souvent « *paella mixta* », mélangeant des fruits de mer et de la viande, sans doute apparues dans les années 1960.

La seule chose qui mette tout le monde d'accord (et encore, pas toujours !), c'est qu'il faut éviter de mettre du chorizo dans la paella. Finalement, à chacun sa paella !

Mais si vous voulez choisir en toute lucidité, consultez le site Wikipédia officiel de la paella : **https://wikipaella.org.**

PARLEZ-VOUS COURAMMENT LA PAELLA ?

Paella : en catalan, cela veut dire « poêle ». Comme pour beaucoup de plats traditionnels, c'est aussi devenu la dénomination du contenu.

Paellero : structure sur laquelle on pose la poêle pour faire cuire la paella au feu de bois. Désigne aussi la personne qui prépare la paella (« *paellera* », si c'est une femme).

Socarrat : c'est la couche de riz caramélisé et grillé qui reste dans le fond de la poêle (la meilleure partie de la paella pour beaucoup). Le socarrat est issu du verbe catalan « *socarrar* » qui signifie « roussir ».

Safran : gare aux contrefaçons !

La culture du safran s'est développée ces vingt dernières années en France, où il y aurait près de 300 producteurs, et même sur les toits de Paris ! Quel que soit l'endroit de culture dans le monde, le prix de cette épice s'explique par la difficulté que représente sa récolte : cueillette des fleurs de *Crocus sativus* au petit matin (la fleur ne vit que 24 h), puis arrachage manuel des pistils (filaments de safran) dans chaque fleur. Il faut environ 150 000 fleurs pour obtenir 1 kilo de safran, qui peut coûter jusqu'à 30 000 euros ! Son prix en fait l'une des épices les plus falsifiées : viande séchée et même poils de brosse à dents teintés, on ne manque pas d'originalité.

Lobster roll :
la nouvelle star de la street food

Pain brioché, beurre, homard, mayonnaise : et voilà !

THE AMERICAN TOUCH!

L'habitude des pêcheurs de la côte nord-est des États-Unis (Maine, Nouvelle-Angleterre…) de manger du homard froid dans du pain est attestée dès la fin du XIXe siècle. Durant la crise qui suivit 1929, des écoliers pauvres s'en nourrissaient également.

Mais le premier *lobster roll* digne de ce nom est à chercher du côté du Connecticut, à Milford chez Perry's, une boutique de nourriture à base de fruits de mer. L'idée d'un sandwich chaud est venue à Harry Perry à la fin des années 1920, quand un client a voulu déguster du homard, sans avoir l'appétit nécessaire pour en consommer un entier. Il en a alors fait chauffer un peu et l'a mis dans un pain grillé ouvert en deux et garni de beurre.

Le succès est immédiat dans la ville mais il faut attendre les années 1970 pour que cette préparation devienne réellement populaire aux États-Unis, au moment même où, paradoxalement, la boutique de Harry Perry ferme ses portes (en 1976).

Preuve qu'il est devenu incontournable, il existe désormais un championnat du monde de *lobster roll* *(Down East Lobster Roll World Championship)*, lancé en 2017 et remporté en 2018 par… Moïse Sfez (voir p. 124) !

La simplicité déclinée à l'infini

Le succès de ce sandwich réside dans les possibilités de variations qu'il offre :

Une base très simple :
à la place du homard, on peut se tourner vers le crabe mais aussi la crevette.

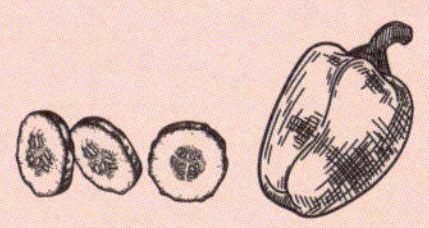

Le plaisir de l'agrément :
avec des fruits et légumes de saison, laissez parler votre créativité !

La mayonnaise :
si le citron est traditionnel, la mayonnaise peut être parfumée de différentes épices et fines herbes et même de divers légumes finement taillés. Vous aussi pouvez en mettre moins et tartiner votre pain d'avocat.

RECETTE POUR	PRÉPARATION	CUISSON
4 PERSONNES	30 MINUTES	10 MINUTES

Le crab roll au citron vert

de Moïse Sfez

INGRÉDIENTS

4 pains briochés
300 à 400 g de chair de crabe (frais ou en conserve)
Le zeste et le jus de 2 citrons verts
140 g de beurre
60 g de mayonnaise citronnée
4 pincées d'un mélange aromatique de thym, d'origan et de sel de céleri

1 Dans une poêle, faites dorer les pains briochés des deux côtés avec 40 g de beurre. Coupez-les en deux dans le sens de la longueur, puis étalez à l'intérieur la mayonnaise citronnée.

2 Mélangez les zestes de citrons et le crabe. Faites fondre le reste du beurre dans une casserole. Attendez qu'il se colore, puis ajoutez le jus des citrons. Laissez cuire à feu doux jusqu'à obtenir un beurre noisette. Garnissez ensuite les pains briochés avec la chair de crabe. Sur celle-ci, versez le beurre citronné et parsemez de mélange aromatique.

Le king du roll

Moïse Sfez a été sacré Champion du Monde de *lobster roll* en 2018. Ce sandwich est un des musts de la street-food new-yorkaise. Il est d'ailleurs maintenant le roi incontesté de ces spécialités typiques de la ville qui ne dort jamais, des rolls aux sandwichs au pastrami en passant par les gaufres de sa nouvelle adresse Maurice Sfez Café (Paris 3e).

RECETTE POUR

4 PERSONNES

PRÉPARATION

20 MINUTES

CUISSON

40 MINUTES

Les encornets farcis, riz rouge de Camargue au safran

de Paul-Arthur Berlan

INGRÉDIENTS

4 pièces d'encornets (200 g chacun)
150 g de veau haché
150 g de chair à saucisse
1 œuf
1 tranche de pain de mie trempée dans du lait
Piment d'Espelette en poudre
1 branche de cive
Huile d'olive
4 cl de pastis
1 oignon
2 gousses d'ail
50 g de concentré de tomates
25 cl de vin blanc
1 branche de thym
1 branche de romarin
1 feuille de laurier
1 g de safran des Corbières
300 g de riz rouge de Camargue
Sel

1 Lavez et videz les encornets. Séparez la tête du corps. Réalisez la farce en mélangeant le veau haché, la chair à saucisse, l'œuf, la mie de pain, du sel, du piment d'Espelette et la cive ciselée. Remplissez les encornets avec la farce et fermez à l'aide d'un cure-dents.

2 Dans une sauteuse, faites chauffer un peu d'huile d'olive, faites sauter les encornets, puis flambez-les au pastis. Réservez.

3 Dans une cocotte, faites revenir l'oignon et l'ail hachés dans un peu d'huile d'olive. Ajoutez le concentré de tomates, le vin blanc, le thym, le romarin, le laurier et le safran. Déposez-y les encornets. Ils doivent être recouverts par la sauce. Laissez mijoter 30 min à feu doux.

4 Faites cuire le riz 40 min.

Conseil du chef

Accompagnez les encornets d'une rouille réalisée avec de la mayonnaise, de l'ail pilé et une louche de la sauce des encornets.

Un top chef sympathique et généreux

C'est pour suivre sa compagne originaire de la région normande que **Paul-Arthur Berlan**, natif de Carcassonne, demi-finaliste remarqué de la deuxième saison de *Top Chef* en 2011 et formé auprès d'étoilés comme Franck Putelat, s'est finalement installé à Rouen (Seine-Maritime) où il a ouvert il y a peu une table bistronomique à son image : sympathique et généreuse.

Cartes d'identité des fruits de mer

De la dégustation la plus simple (sur un plateau avec un peu de mayonnaise) à leur emploi dans la cuisine gastronomique, les fruits de mer nous régalent tout en nous offrant une bouffée d'air marin !

LES COQUILLAGES

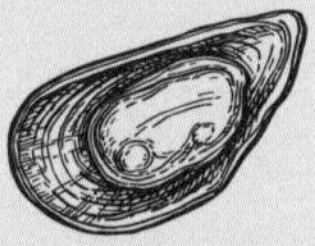

Moule

Elevée en France principalement soit sur des bouchots (pieux en bois) le long de l'Atlantique et de la Manche, soit sur des cordes en Méditerranée. Marinière, au curry et à toutes les sauces, elle est indémodable avec des frites.

Prix : *
Cuisson : à l'étuvée, gratinée
Saison idéale : juillet à février

Palourde

Vivant principalement sur les littoraux de l'Atlantique et de la Manche, sa coquille bombée au centre mesure 3 à 5 cm. Favorite des spaghetti *alle vongole*, les Italiens lui préfèrent parfois la petite praire.

Prix : ****
Cuisson : aucune, à l'étuvée
Saison idéale : octobre à mai

Coque

Petit coquillage de 3 à 4 cm qui vit dans les fonds sableux et vaseux, des côtes danoises aux rives du Maroc. Attention au sable : il faut la faire dégorger au moins 2 h dans de l'eau salée.

Prix : ***
Cuisson : aucune, à l'étuvée
Saison idéale : octobre à février

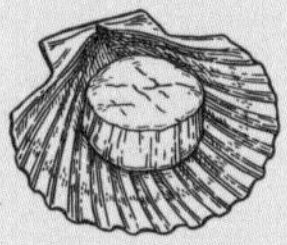

Coquille Saint-Jacques

Parfois confondue avec le pétoncle, elle est plate d'un côté tandis que le pétoncle est bombé des deux côtés. Les meilleures proviennent de Normandie et de Bretagne.

Prix : **
Cuisson : sautée, gratinée
Saison idéale : octobre à mai

Bigorneau

Ramassé sur les côtes bretonnes et normandes, il est indispensable pour la réalisation d'un plateau de fruits de mer digne de ce nom.

Prix : ****
Cuisson : court-bouillon
Saison idéale : septembre à février

Bulot

Bénéficiant d'une IGP (bulot de Granville), il est l'autre indispensable à un bon plateau de fruits de mer. Pour sortir du traditionnel bulot-mayonnaise, on peut s'en servir comme base à des sauces.

Prix : ***
Cuisson : court-bouillon
Saison idéale : février à décembre

LES CRUSTACÉS

Tourteau

Le plus gros crabe européen pêché, vivant sur les fonds rocheux jusqu'à une profondeur de 100 m. Il se cache le jour et se déplace la nuit pour trouver sa nourriture. En dehors de la chair de ses pinces, il peut être consommé farci.

Prix : **
Cuisson : court-bouillon
Saison idéale : toute l'année

Araignée de mer

Sa chair est beaucoup plus fine et savoureuse que celle du tourteau. Pour être sûr d'avoir assez à manger, il faut choisir une araignée femelle qui contient plus de chair.

Prix : ***
Cuisson : court-bouillon
Saison idéale : août à janvier

Étrille

Appelée aussi crabe laineux ou crabe cerise suivant les régions, elle a un goût très fin (attention à ne pas la cuire trop longtemps). Sa pêche se révèle souvent très sportive tant elle est réputée pour sa vivacité.

Prix : ***
Cuisson : court-bouillon
Saison idéale : mars à octobre

INVITÉ SURPRISE

Oursin

Vert ou violet, il n'est pas à proprement parler un crustacé, puisqu'il appartient à l'embranchement des *Echinodermata* (comme les étoiles de mer). La partie comestible est l'organe reproducteur, appelé « corail ».

Prix : ******
Cuisson : aucune
Saison idéale : décembre à février

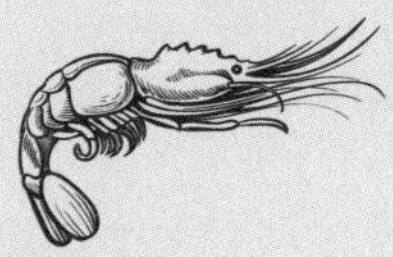

Crevette rose sauvage (bouquet)

Elle se distingue par la fermeté de sa chair par rapport à la crevette d'élevage. Translucide avant cuisson, elle acquiert sa couleur une fois passée dans l'eau bouillante, pas plus de 3 min.

Prix : ******
Cuisson : court-bouillon
Saison idéale : octobre à février

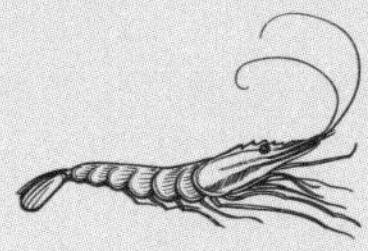

Crevette grise sauvage

Pêchée au filet ou en bord de mer à l'aide de « pousseux », elle est très présente sur les littoraux du Nord de la France. Sa carapace peut être consommée sans problème quand elle est de petite taille.

Prix : *****
Cuisson : court-bouillon
Saison idéale : septembre à mars

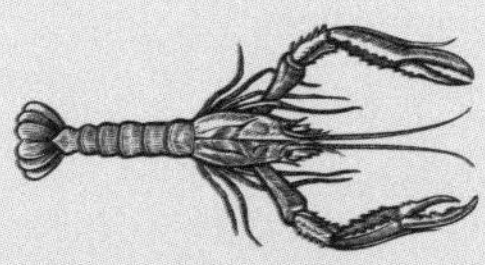

Langoustine

Il faut l'acheter vivante : congelée, sa chair se délite. Quant à sa cuisson, pour éviter d'avoir une langoustine molle et cotonneuse, il faut la cuire à feu vif, pas plus de 3 min.

Prix : ****
Cuisson : court-bouillon, grillée
Saison idéale : toute l'année

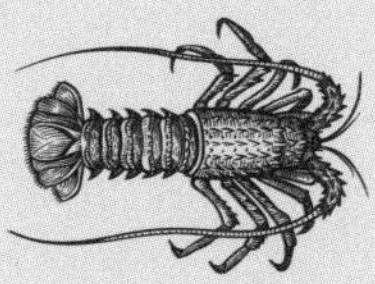

Langouste

À la différence du homard, la langouste ne possède pas de pinces. C'est la langouste rouge, dite « royale » qui est la plus recherchée par les amateurs pour la finesse et la fermeté de sa chair.

Prix : *****
Cuisson : court-bouillon, rôtie
Saison idéale : mars à novembre

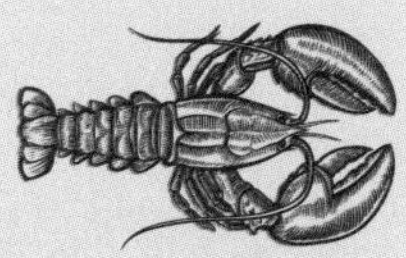

Homard bleu

Pêché en Atlantique Nord Est, également appelé « homard breton », il est réputé pour la finesse et la délicatesse de sa chair comme de sa saveur.

Prix : *****
Cuisson : court-bouillon, rôtie
Saison idéale : mai à septembre

RECETTE POUR	PRÉPARATION	MARINADE
4 PERSONNES	20 MINUTES	2 HEURES

Le ceviche de crevettes aux pêches et à l'avocat

de Juan Arbelaez

INGRÉDIENTS

16 crevettes crues décortiquées
2 pêches
1 avocat
Huile d'olive
1 oignon rouge
1 poivron rouge corne de bœuf (à la forme allongée)
1 botte de basilic
1 botte de coriandre
Le zeste et le jus de 4 citrons verts bio
1 gousse d'ail
Sel, poivre

1 Dans une poêle, saisissez les crevettes avec un filet d'huile d'olive sans les faire trop cuire. Salez et poivrez, laissez refroidir.

2 Dans un saladier, mélangez l'oignon et le poivron émincés, les herbes ciselées – réservez quelques feuilles de coriandre – et les pêches coupées en huit. Ajoutez les crevettes, puis le zeste et le jus des citrons, ainsi que l'ail haché finement. Laissez mariner 2 h au frais.

3 Taillez l'avocat en gros cubes. Disposez-le dans une assiette, recouvrez du mélange aux crevettes et arrosez généreusement de jus de marinade. Décorez de feuilles de coriandre. Poivrez avant d'ajouter un filet d'huile d'olive.

Chef colombien

Rien d'étonnant à ce que **Juan Arbelaez** ait porté la flamme olympique au printemps 2024 car ce survolté se doit d'être sportif pour veiller sur ces quinze restaurants en France ! Ce chef colombien, souvent vu à la télévision et amoureux inconditionnel des saveurs du monde, prône une gastronomie métissée, joyeuse et accessible à tous.

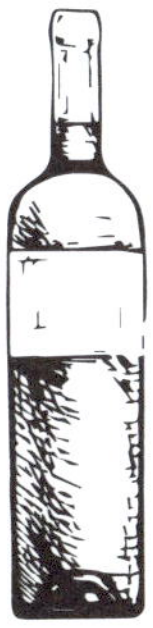

Trois bouteilles pour le bon accord

UN PISCO
Cette eau-de-vie de vin est la boisson nationale péruvienne. Connu en Europe pour l'élaboration de cocktails, le pisco peut aussi se consommer nature avec un ceviche.
Demonio de los Andes, Tacama, à partir de 30 €.

UN SAINT-BRIS
Un bourgogne blanc aux notes d'agrumes, de pêche et de feuilles de cassis. Fruité, il accompagne bien les plats exotiques.
Saint-Bris, Clotilde Davenne, à partir de 16,90 €.

UN SAUVIGNON
Produit sur les coteaux de la Loire, ce blanc à l'excellent rapport qualité-prix exprime le croquant et la minéralité du sauvignon, tout en se révélant délicieusement fruité.
Esprit de Bourgeois, à partir de 11,30 €.

RECETTE POUR	PRÉPARATION	CUISSON
4 PERSONNES	40 MINUTES	3 HEURES 10

Le bourguignon de poulpe

de Victor Mercier

INGRÉDIENTS

2,5 kg de poulpe
500 g de champignons de Paris
2 oignons grelots
1 c. à soupe d'huile neutre
250 g de lardons
2 feuilles de laurier
75 cl de vin rouge (bourgogne)
Quelques brins de persil plat
Sel, poivre

1 Préparez le poulpe : videz la tête (si votre poissonnier ne l'a pas fait) et nettoyez soigneusement les ventouses. Détaillez les tentacules en tronçons de 3 centimètres de long. Retirez le pied des champignons. Gardez-en 4 ou 5 pour la décoration et coupez les autres en lamelles épaisses. Coupez les oignons grelots en deux.

2 Dans une cocotte à fond épais, faites chauffer l'huile, ajoutez les lardons, les champignons en lamelles, les oignons et le laurier. Laissez dorer 5 min en mélangeant régulièrement. Ajoutez le poulpe et poursuivez la cuisson 5 min, puis arrosez avec le vin. Salez et poivrez.

3 Couvrez et laissez mijoter à feu doux 3 h environ. Servez parsemé de persil et accompagné de lamelles de champignons crus.

Conseil du chef

Servez avec une purée de pommes de terre agrémentée de quelques zestes d'agrumes.

Le locavore

Finaliste de *Top Chef* en 2018, **Victor Mercier** a ouvert son restaurant Fief (Paris 11e), pour « Fait ici en France », en 2019. Il y propose une cuisine créative faite uniquement à partir de produits français et de saison. Défenseur de la souveraineté alimentaire et d'une cuisine responsable sur le plan environnemental, il obtient une étoile et a été nommé chef de l'année en 2022.

N'ayez plus peur du poulpe !

Devant son allure difforme et glissante, le poulpe peut impressionner si on doit le préparer soi-même. Pourtant, avec quelques astuces simples, il est facile de s'en sortir et de réaliser de délicieuses recettes.

UNE TECHNIQUE DE PÊCHE PARTICULIÈRE

Pratiquée idéalement de fin septembre à fin avril (pour laisser le temps au céphalopode de se reproduire), la pêche du poulpe peut s'effectuer à l'aide de pots en terre cuite. Il s'agit de les déposer sur les fonds sableux où il vit, une technique très ancienne utilisée par les Grecs et les Romains durant l'Antiquité. Il s'y réfugie et n'en sort que pour se nourrir de crustacés et de coquillages qu'il affectionne particulièrement. Il n'y a qu'à sortir les pots de l'eau pour le capturer.

Cette technique est majoritairement employée par les pêcheurs de Méditerranée tandis qu'en Atlantique et dans la Manche, où le poulpe prolifère depuis 2021 (mais temporairement selon les biologistes), il est pêché à la ligne ou au casier à l'aide d'appâts.

COMMENT AVOIR UNE CHAIR TENDRE ?

La congélation est une méthode infaillible pour avoir un poulpe bien moelleux. Celle-ci doit durer au moins 48 h pour que ses fibres aient le temps de se détendre.

Pour les gros consommateurs de poulpe, l'astuce est d'en congeler une quantité importante en une seule fois. Cela permettra ainsi d'avoir du poulpe tendre à disposition sans passer par cette longue étape à chaque fois. Attention cependant à bien séparer les tentacules entre eux car, une fois congelés, ils sont très difficiles à détacher les uns des autres : le mieux est de faire des « fagot » de tentacules entreposés dans des contenants différents. Pour la décongélation, il est préférable de la laisser se faire doucement au réfrigérateur pendant au moins 24 h.

LA CUISSON POUR UN POULPE FONDANT

La cuisson doit être lente et à feu doux pour que la chair conserve toute sa tendreté. Le mieux est de laisser le poulpe mijoter à feux doux et à couvert dans une cocotte avec un fond d'eau et des aromates pendant 1 h 30.

Une fois cette étape réalisée, on peut terminer la cuisson au four (rôti au beurre, par exemple), à la plancha ou encore au barbecue pour lui donner cet aspect croustillant que l'on aime tant.

À noter

Ces conseils concernent particulièrement les poulpes de plus de 1 Kg, les petits poulpes ne nécessitant pas forcément d'être attendris ou cuits longuement.

Préparer le poulpe en quatre étapes

1

Coupez juste en dessous des yeux pour séparer la tête des tentacules.

2

Retirez le bec (une bille dure qui se trouve à l'endroit où se rejoignent les tentacules) en poussant d'un côté ou de l'autre.

3

Otez les yeux et videz la tête de ses organes en l'ouvrant en deux ou en la retournant comme un gant de toilette.

4

Lavez soigneusement à l'eau claire la tête et les tentacules. Pensez à bien appuyer sur chaque ventouse pour en extraire le sable qui pourrait s'y loger.

Bien le choisir sur les étals

Regardez si le poulpe possède deux séries de ventouses sur chaque tentacule, s'il n'en a qu'une, il ne s'agit pas d'un poulpe commun mais d'un poulpe blanc, une espèce très bonne mais moins savoureuse que la première. Comme pour le poisson, un poulpe devra être bien luisant et non visqueux, signes de sa fraîcheur.

Poulpe express : battez la chair !

Si le temps manque pour effectuer la phase de congélation, battre la chair du poulpe avant de la cuire permet aussi de l'attendrir. Il ne faut pas hésiter à taper fortement avec un rouleau à pâtisserie, par exemple. La chair doit gonfler à force de la battre.

RECETTE POUR	PRÉPARATION	CUISSON
4 PERSONNES	10 MINUTES	2 MINUTES

Le carpaccio de Saint-Jacques

de Paul Pairet

INGRÉDIENTS

4 noix de Saint-Jacques
8 oursins
5 cl d'huile de noisette
Le jus de 1 citron vert
6 cl de sauce soja
32 noisettes
32 feuilles d'huître (*Mertensia maritima*)

1 Coupez les noix de Saint-Jacques en tranches de 1 à 2 mm d'épaisseur. Répartissez-les dans les assiettes et assaisonnez-les avec l'huile de noisette.

2 Mélangez le jus du citron et la sauce soja, puis versez sur les Saint-Jacques. Torréfiez les noisettes quelques minutes à sec dans une poêle. Posez sur chaque tranche de Saint-Jacques 1 langue d'oursin, 1 noisette et 1 feuille d'huître.

Un Français à Shanghai

Membre éminent et sympathique du jury de *Top Chef*, **Paul Pairet** est une star en Chine où, à Shanghai, son restaurant étoilé Ultraviolet est triplement étoilé. Il y est aussi à la tête de plusieurs adresses très tendances comme, entre autres, Mr & Mrs Bund, Polux ou Charbon… Il a cependant remis un pied en France où il signe la carte de Nonos & Comestible, la table informelle de l'hôtel de Crillon (Paris 8e).

Trois bouteilles pour le bon accord

UN BLANC ESPAGNOL
Un vin minéral et vif aux notes de fruits frais (fruits tropicaux, zestes d'agrumes…).
Cuvée Cucú, domaine Barco del Corneta, à partir de 15,90 €.

UN BOURGOGNE BLANC
Ce vin des côtes chalonnaises se distingue par sa concentration et sa richesse.
Montagny 1er cru, domaine Jean-Marc Boillot, à partir de 22,50 €.

UN SAKÉ
Ce plat est l'occasion de découvrir un saké de qualité qui s'apparente à un grand vin blanc.
Saké Houraisen Tomo, distillerie Sekiya Brewery, à partir de 35 €.

Plats Végétariens

RECETTE POUR

4 PERSONNES

PRÉPARATION

20 MINUTES

CUISSON

10 MINUTES

Les œufs mimosa

de Christian Constant

INGRÉDIENTS

8 œufs
15 cl de vinaigre
1 gousse d'ail
1 échalote
Quelques brins de persil plat

Mayonnaise

1 jaune d'œuf
1 c. à café de moutarde
1 c. à soupe de vinaigre de vin
15 cl d'huile de pépins de raisin
Sel, poivre

1 Préparez la mayonnaise : mélangez dans un bol le jaune d'œuf avec la moutarde et le vinaigre. Salez et poivre. Versez l'huile petit à petit, en mélangeant au fouet ou à l'aide d'un batteur.

2 Déposez délicatement les œufs dans une casserole d'eau bouillante, avec le vinaigre. Laissez cuire 10 min. Faites-les refroidir dans de l'eau glacée, puis écalez-les et coupez-les en deux. Ôtez les jaunes, en veillant à ne pas abîmer les blancs, et écrasez-les à la fourchette.

3 Hachez l'ail et l'échalote avec le persil. Ajoutez ce hachis aux jaunes d'œufs écrasés. Incorporez le mélange à la mayonnaise. Salez et poivrez si nécessaire. Remplissez les blancs d'œufs avec la préparation et servez.

Un grand Monsieur

On ne présente plus celui que, par respect, beaucoup appellent « Monsieur Constant ». Si, aujourd'hui, on le croise du côté de Montauban, dans ce Sud-Ouest dont il a toujours gardé l'accent, quand il était chef de célèbre hôtel de Crillon (Paris 8e), **Christian Constant** a formé une génération entière de grands chefs : d'Éric Frechon à Emmanuel Renaut en passant par Christian Etchebest ou Jean-François Rouquette.

RECETTE POUR
4 PERSONNES

PRÉPARATION
40 MINUTES

CUISSON
20 À 25 MINUTES

L'omelette trouchia aux feuilles de blettes

d'Arnaud Faye

INGRÉDIENTS

8 œufs
1 petite botte de feuilles de blettes
½ botte de persil plat
½ botte de cerfeuil
½ botte de cébettes
Huile d'olive
100 g de parmesan râpé
1 pot de sauce tomate bio
Sel, poivre

1 Ciselez les feuilles de blettes. Hachez le persil et le cerfeuil. Émincez les bulbes des cébettes. Faites revenir rapidement les blettes ciselées et les cébettes émincées à la poêle avec un filet d'huile d'olive.

2 Battez les œufs avec le parmesan, ajoutez les blettes, les cébettes, le persil et le cerfeuil. Assaisonnez.

3 Préchauffez le four à 110 °C. Dans une poêle chaude, versez un filet d'huile d'olive, puis ajoutez le mélange aux œufs. Laissez cuire 30 secondes à feu moyen, puis transvasez l'omelette dans un plat à four.

4 Enfournez pour 15 à 20 min. Démoulez et laissez refroidir. Servez accompagné de la sauce tomate.

Le nouvel « épicurien »

Après huit ans passés sur la côte d'Azur où il était doublement étoilé, **Arnaud Faye**, Meilleur Ouvrier de France, a débarqué à Paris au printemps 2024, pour succéder à Éric Frechon à l'hôtel Bristol (Paris 8e), et notamment à la tête d'Épicure, sa fameuse table gastronomique étoilée.

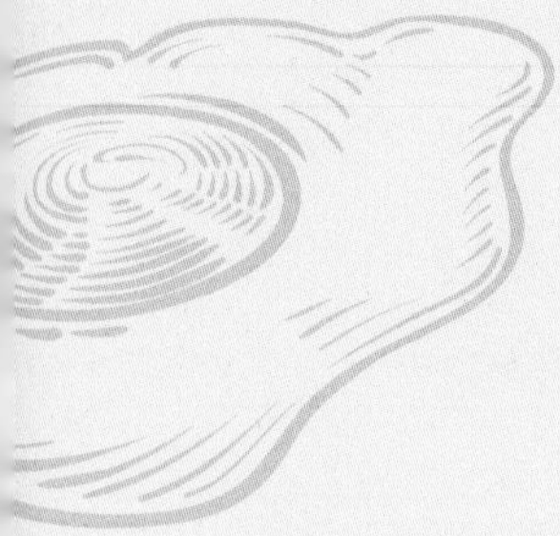

L'œuf : anecdotes et astuces !

Source de protéines essentielle pour les végétariens et ingrédient fondamental de milliers de recettes (notamment en pâtisserie), l'œuf est un aliment inscrit dans notre quotidien. Avec ce condensé d'astuces et d'histoires autour de l'œuf, vous serez prêt à sortir de votre coquille !

DÉCRYPTER LES INDICATIONS INSCRITES SUR LA COQUILLE

La taille d'un œuf ne permet évidemment pas d'inscrire sur sa coquille l'intégralité des renseignements concernant sa production, néanmoins il est possible d'en connaître l'essentiel :

- le premier nombre, allant de 0 à 3, indique le mode d'élevage des poules (0 étant un élevage biologique, 3 signalant un élevage en batterie) ;
- les deux lettres suivantes concernent le pays de production (exemple : NL pour les Pays-Bas) ;
- les trois lettres qui viennent après permettent d'identifier le producteur ;
- enfin, les deux derniers chiffres concernent le numéro du bâtiment dans lequel les poules vivent.

3-6-9 : la formule magique

3 min
œuf à la coque

6 min
œuf mollet

9 min
œuf dur

Ce sont les temps passés dans l'eau bouillante pour les différents stades de cuisson de l'œuf ! Selon sa taille, il faudra enlever ou ajouter quelques dizaines de secondes pour obtenir une cuisson parfaite.

Œuf et cholestérol : une accusation infondée

Pendant plus de quarante ans, l'œuf a été accusé de faire monter le taux de mauvais cholestérol (LDL) dans le sang. Or, un certain nombre d'études récentes a démontré qu'il n'en était rien, le taux de mauvais cholestérol étant peu influencé par l'apport de cholestérol alimentaire.

Toucher le fond

Pour savoir si un œuf est encore frais, il suffit de le mettre dans un verre d'eau : s'il coule, c'est qu'il est bien frais ; s'il flotte, c'est qu'il a plus de trois semaines. Sans DCR (date de consommation recommandée, fixée à 28 jours) inscrite sur l'œuf, ne prenez pas le risque de le consommer.

L'œuf de cent ans

Aussi appelé « œuf de longévité », c'est une façon de préparer les œufs originaire de Chine. On plonge des œufs de cane durant plusieurs semaines, voire plusieurs mois, dans un liquide de macération au pH très élevé, grâce à la présence de chaux et de cendre notamment. Une réaction chimique se crée : le blanc et le jaune coagulent et se gélifient, prenant une teinte ambrée pour le premier, vert kaki pour le second. Si l'odeur de soufre qui s'en dégage est assez forte lorsqu'on l'écale, son goût demeure néanmoins assez doux.

MILLE ET UN ŒUFS DANS LA BASSE-COUR !

Il n'y a pas que la poule ! L'œuf de caille, que l'on trouve facilement au marché ou en grande surface, est bien connu. Mais plus difficiles à dénicher, les œufs de cane, d'oie ou de pintade sont recherchés par les gastronomes pour leurs textures et leurs goûts particuliers. À dénicher sur les marchés ou chez des producteurs locaux de ces volailles pour une expérience gustative inédite.

L'œuf Bénédicte : un buzz commercial ?

En 1978, la paternité de la recette, jusque-là attribuée à Lemuel Benedict (un courtier de Wall Street qui en aurait eu l'idée en 1892 alors qu'il prenait son petit déjeuner à l'hôtel Waldorf-Astoria) est remise en cause. Son petit-cousin, Jack Benedict, profite de l'occasion pour ouvrir un restaurant en août de la même année, le L. C. Benedict Restaurant and Tavern, près de Denver. Il retrace l'histoire de la recette et la vie de son cousin. L'affaire tourne finalement court en 1984, mais Jack continue néanmoins à tenter des aventures commerciales en proposant notamment à une célèbre chaîne de restauration rapide de commercialiser un « Eggs McBenedict », sans se rendre compte que quelques années auparavant, elle en avait déjà eu l'idée avec son « Egg McMuffin »...

IL VIRE AU BLEU !

La teinte de certaines peintures dans les magasins de bricolage est appelée « coquille d'œuf ». Mais, selon la race de poule, cette couleur pourrait bien ne pas être celle que l'on attend : les poules de race Azur et Araucana pondent des œufs au bleu plus ou moins intense tandis que ceux de la poule de Marans sont marron foncé. En revanche, cette couleur n'influence pas le goût et la texture des œufs qui se modifient plutôt en fonction de l'alimentation.

1,5 kg

c'est le poids moyen de l'œuf de l'autruche.

=

25 œufs de poule

RECETTE POUR	PRÉPARATION	RÉFRIGÉRATION	CUISSON
6 PERSONNES	30 MINUTES	24 HEURES	14 À 16 MINUTES

La flamiche aux poireaux

de Florent Ladeyn

INGRÉDIENTS

Pâte à pain

1 sachet de levure de boulanger déshydratée
280 g de farine complète
260 g de farine T55
40 g de farine de seigle
20 cl d'eau
12 g de sel

Garniture

3 poireaux
150 g de faisselle de chèvre
½ crottin de chèvre sec
12 tiges d'herbes de saison
10 cl d'huile de caméline ou autre huile neutre
Fleur de sel

1 La veille, préparez la pâte : réhydratez la levure dans un saladier avec 2 c. à soupe d'eau tiède quelques minutes. Ajoutez les farines, le reste d'eau et le sel. Pétrissez jusqu'à l'obtention d'une boule lisse de pâte. Laissez-la lever 24 h au frais.

2 Le jour même, égouttez la faisselle en récupérant le petit-lait. Préchauffez le four à 240 °C, avec la plaque à l'intérieur, 20 min.

3 Formez six boules avec la pâte à pain. Étalez-les en petits pâtons de 15 cm de diamètre. Posez-les sur la plaque chaude, ajoutez sur chacun 1 c. à soupe de faisselle et un peu de fleur de sel. Enfournez pour 8 min à 220 °C.

4 Coupez les poireaux en lamelles. Faites-les cuire à feu doux dans une casserole avec le petit-lait de faisselle en remuant jusqu'à ce qu'ils soient fondants. Ajoutez un peu d'eau si nécessaire. Répartissez-les sur les flamiches et enfournez de nouveau pour 6 à 8 min. Râpez le crottin de chèvre sur les flamiches, ajoutez les herbes et un trait d'huile.

L'ambassadeur des Flandres

Que ce soit pour la cuisine gastronomique de son auberge du Vert Mont à Boeschepe (Nord), pour celle plus bistronomique de sa table Bloempot, ou dans son estaminet Bierbuik à Lille et Béthune (Nord), **Florent Ladeyn**, repéré par le grand public dans *Top Chef* en 2013, met un point d'honneur à privilégier l'ultra-local en ne travaillant qu'avec de petits producteurs de sa région.

Trois bières pour le bon accord

UNE BLONDE
Cette bière a vieilli un an dans des fûts de bordeaux, de bourgogne, de sauternes et de bourbon. On aime son côté acidulé, un peu vineux et ses fines bulles.
Bière Wilde Leeuw Farmhouse, 75 cl, brasserie du Pays Flamand, à partir de 14 €.

UNE BRUNE
Derrière la surprenante acidité de cette brune flamande, vieillie en fûts de châtaigners, se révèlent des arômes de bois, de tabac et d'épices.
Bière Verzet Oud Bruin Double Wood, 33 cl, brasserie Verzet, à partir de 2,50 €.

UNE AMBRÉE
Cette bière rafraîchissante, produite à Lille, est infusée avec des baies de Tasmanie qui lui apportent des arômes de mûres et de fruits noirs.
Bière Taz, 75 cl, microbrasserie du Singe Savant, à partir de 4,90 €.

RECETTE POUR	PRÉPARATION	CUISSON
4 PERSONNES	25 MINUTES	50 MINUTES À 1 HEURE

La soupe de courge

de William Ledeuil

INGRÉDIENTS

6 patidoux
15 g de pâte de curry vert
2 bâtons de citronnelle
60 cl de bouillon de poule
50 cl de lait de coco
40 g de sucre en poudre
20 g de satay en poudre
50 g de noisettes
30 g de noix de cajou
1 gousse d'ail
2 c. à soupe d'huile de sésame
Fleur de sel
Poivre

1 Coupez les chapeaux des patidoux, puis faites-les cuire à la vapeur 20 à 30 min. Videz-les en laissant 6 à 8 mm de chair, réservez. Dans une casserole, faites chauffer doucement la pâte de curry, puis incorporez la citronnelle émincée. Ajoutez la chair écrasée des patidoux, versez le bouillon chaud et le lait de coco. Portez à ébullition, puis laissez cuire 30 min à feu très doux, en remuant régulièrement. Assaisonnez, mixez et filtrez.

2 Dans une poêle, faites un caramel avec le sucre. Ajoutez le satay, les noisettes et les noix de cajou hachées, l'ail haché et de la fleur de sel. Mélangez et faites cuire 1 min à feu vif avant de verser sur une plaque en silicone. Laissez refroidir avant de concasser.

3 Réchauffez les 4 patidoux évidés 1 min au four à 180 °C. Remplissez-les de soupe chaude. Parsemez de noix de cajou et de noisettes caramélisées. Terminez avec un trait d'huile de sésame.

Le voyageur

Depuis longtemps étoilé, **William Ledeuil** aime dire que « sur ses cartes, les frontières ont disparu » car, si la technique et la base de sa cuisine sont bien françaises, dans son restaurant Ze Kitchen Galerie (Paris 6e), il puise volontiers son inspiration au sein d'une palette de saveurs venues d'ailleurs : de la Thaïlande au Japon en passant par l'Inde ou la Chine…

RECETTE POUR	PRÉPARATION	CUISSON
4 PERSONNES	20 MINUTES	55 MINUTES

Le velouté de petits pois, rhubarbe et olives

de Jean-Marc Notelet

INGRÉDIENTS

350 g de petits pois écossés
2 branches de rhubarbe
120 g d'olives noires dénoyautées
50 g d'huile d'olive
1 oignon blanc
140 g de lard fumé
1 tête d'ail nouveau
140 g de céleri-rave
6 fonds d'artichauts
1 bouquet garni
10 cl de vin blanc
2 l de bouillon de poule (de préférence fait maison, la veille)
10 cl de crème fleurette
1 botte d'oseille
½ botte de cresson
120 g de beurre
Quelques croûtons
Sel, poivre

1 Dans un faitout, faites revenir dans l'huile l'oignon blanc émincé, le lard fumé, la tête d'ail nouveau écrasée et le céleri-rave. Ajoutez les fonds d'artichauts, le bouquet garni, du sel et du poivre. Déglacez au vin blanc, ajoutez le bouillon de poule et la crème fleurette. Laissez cuire 40 min.

2 Hors du feu, retirez le bouquet garni. Ajoutez les petits pois crus, l'oseille et le cresson. Mixez longuement. Terminez en ajoutant le beurre.

3 Faites compoter les tiges de rhubarbe 15 min environ à sec, à feu doux et à couvert. Dans le fond des assiettes, déposez un mélange de rhubarbe compotée et de petites olives noires et quelques croûtons. Versez le potage fumant dessus.

L'empereur du goût

Discret, **Jean-Marc Notelet** est à la tête de Caïus (Paris 17e) depuis quasiment deux décennies et son restaurant ne désemplit pas. Ce joyau de la bistronomie parisienne séduit grâce à une cuisine gourmande et exigeante, comme son délicieux ceviche de dorade royale au vinaigre de calamansi...

Les petits pois : un délice royal

Les jardinières de légumes en conserve servies à la cantine quand on était enfant ne rendent pas justice à ce légume qui a connu une gloire immense à la cour de Louis XIV…

UNE NOUVELLE STAR À LA COUR !

Si le pois vert, c'est-à-dire le petit pois frais, est déjà réputé à la cour d'Élisabeth Ire d'Angleterre au XVIe siècle, c'est en 1660 à Versailles qu'il est adulé par la cour du « Roi-Soleil ». Tout commence lorsqu'un officier de bouche nommé Audiger en rapporte d'Italie en plein mois de janvier, encore dans leurs cosses.

Bien qu'il ne soit pas d'usage de les manger ainsi, c'est-à-dire aussi verts, le roi ordonne de les cuisiner sur-le-champ… et c'est une révélation ! Toute la cour ne cesse d'en réclamer et Louis XIV demande à son jardinier Jean-Baptiste de la Quintinie de trouver le moyen d'en faire pousser le plus possible.

La mode des petits pois perdure après la mort de Louis XIV, des recettes sont même imaginées pour le retrouver en dessert. Ainsi, *Le Nouveau Cuisinier royal et bourgeois* propose en 1721 des petits pois à la crème parsemés de sucre en guise d'entremets.

LA CONSERVE ET LA MAUVAISE RÉPUTATION

Avec l'invention de la conserve au XIXe siècle, le petit pois devient populaire mais il faut bien reconnaître qu'il perd toutes ses qualités gustatives une fois mis en boîte. Surgelé, on retrouve un peu de sa texture mais rien ne vaut les petits pois frais du marché ou même récoltés dans son potager : semés de février à juin, d'une culture facile, vous aurez le plaisir d'en manger tout le printemps et le début de l'été.

Journal des victimes…

1706

Louis XIV les aimait tellement qu'il en fit une grave indigestion cette année-là d'après le journal que tenait son médecin.

1708

Si le roi a survécu à son indigestion, ce n'est pas le cas de l'architecte Jules Hardouin-Mansart qui serait mort d'un excès de glace et de petits pois selon le duc de Saint-Simon.

Petit pois et pois cassés

En réalité, ce sont les mêmes, il s'agit simplement d'une question de maturité !

Champignons cultivés, champignons toute l'année !

Il existe de nombreux champignons relativement abordables, aux goûts tout aussi marqués que la truffe, la morille ou la girolle. À côté du champignon de Paris blanc, le brun, au goût plus relevé et boisé, est idéal pour les petits budgets. Mais, ces dernières années, des champignons (venus d'Asie pour certains) dont la culture peut être réalisée toute l'année, ont fait leur retour ou leur apparition.

Pleurote jaune et pleurote roi

Sa texture caoutchouteuse peut faire peur au départ mais, bien préparé (notamment rôti au four avec de l'ail et du beurre), il révèle sa tendresse et ses saveurs. Points positifs de cette variété : son prix faible, sa richesse en vitamines D, B3 et B5 et en protéines.

SHIITAKÉ

L'un des champignons asiatiques les plus connus ! Son goût puissant parfume agréablement les bouillons et les sauces. À l'instar de la morille, il doit être consommé cuit car, cru, il est toxique pour l'organisme.

HYDNE HÉRISSON

Ce pompon blanc ne passe pas inaperçu ! Sa culture s'est développée ces dernières années en France, l'occasion de découvrir son goût et sa texture qui rappellent la chair de crabe.

Nameko

Reconnaissable à sa disposition en grappe, il se fait une place chez les primeurs. Sa saveur plus légère remplace avantageusement celle du shiitaké pour ceux qui recherchent plus de finesse. Il peut aussi être consommé simplement, sauté avec quelques légumes.

Pensez aux producteurs locaux !

Les champignons ayant besoin de peu de lumière et d'un environnement contrôlé en température et en humidité, les structures dans lesquelles ils poussent sont peu identifiables. Menez l'enquête pour savoir si un producteur se trouve près de chez vous, vous serez sans doute surpris. D'ailleurs, il existe plusieurs producteurs urbains (dans des caves) comme à Nantes, Rennes, Grenoble ou encore Marseille.

RECETTE POUR	PRÉPARATION	CUISSON
4 PERSONNES (20 RAVIOLIS)	35 MINUTES	35 MINUTES

Les raviolis aux cèpes en bouillon

de Sylvestre Wahid

INGRÉDIENTS

1 paquet de feuilles de pâte pour raviolis
400 g de cèpes
50 cl de bouillon de volaille
10 cl d'huile d'olive
50 g de beurre
3 gousses d'ail
½ oignon blanc
1 feuille de laurier
Thym
Romarin
10 cl de vin blanc
10 g de persil
10 g de cerfeuil
5 g de ciboulette
1 c. de moutarde de Meaux en grains
Fleur de sel
Poivre

1 Taillez les cèpes en gros dés. Dans une poêle, faites chauffer un trait d'huile d'olive, ajoutez le beurre, puis les gousses d'ail hachées, l'oignon émincé et les dés de champignons. Laissez suer quelques minutes.

2 Ajoutez les aromates, laissez cuire 10 min, puis versez le vin blanc et laissez cuire 15 min. Ajoutez les herbes ciselées, la moutarde et assaisonnez. Laissez refroidir, puis hachez la farce grossièrement au couteau.

3 Posez les feuilles de pâte sur une planche et détaillez-les avec un emporte-pièce. Placez 1 c. de farce dessus, mouillez les bords et refermez les raviolis. Faites chauffer le bouillon de volaille et pochez-y les raviolis 3 min environ. Servez-les dans une assiette creuse et versez le bouillon chaud et un trait d'huile d'olive.

Le roi des cimes

Aujourd'hui à la tête du restaurant Sylvestre auquel le guide Michelin 2024 a décerné une deuxième étoile, ainsi que du plus informel Alya's, tous deux à Courchevel (Haute-Savoie), **Sylvestre Wahid** a notamment travaillé aux côtés d'Alain Ducasse ou encore, à Paris, au Thoumieux (Paris 7e) avant de partir, depuis 2020, à la conquête des sommets alpins…

Trois vins pour le bon accord

UN POUILLY-FUISSÉ
Un vin suave et très rond avec une belle minéralité. Ses notes florales iront à merveille avec ce plat.
Domaine Olivier Merlin, à partir de 30,80 €.

UN BLANC DE PROVENCE
Ce vin blanc bio est très délicat, avec des notes d'acacia, de tilleul et d'anis.
Cuvée Blanc, domaine Croix-Rousse, à partir de 24 €.

UN PAYS-D'HÉRAULT
Un vin rouge fruité et léger qui se mariera très bien avec les cèpes.
Cuvée Le Pradel, domaine La Terrasse d'Élise, à partir de 22 €.

RECETTE POUR
4 PERSONNES

PRÉPARATION
30 MINUTES

CUISSON
25 MINUTES

Les tortellini
au potimarron
de Clio Modaffari

INGRÉDIENTS

Tortellini

500 g de potimarron
50 g de beurre
4 feuilles de sauge
50 g de pecorino râpé
90 g de semoule fine
260 g de farine T00
13 jaunes d'œufs
Éclats de noisettes
Sel, poivre

Sauce

2 oignons de Roscoff
Huile d'olive
20 cl de vin blanc sec
1 branche de romarin
10 cl de lait
20 cl de crème liquide
150 g de pecorino râpé

1 Coupez le potimarron en cubes et faites-les cuire 15 min à la vapeur. Pendant ce temps, faites fondre le beurre avec la sauge, retirez du feu lorsque le beurre dégage une odeur de noisette. Passez le potimarron au presse-purée et ajoutez le beurre noisette et le pecorino râpé. Salez, poivrez et mélangez bien.

2 Pour la pâte à tortellinis, mélangez la semoule, la farine et les jaunes d'œufs. À l'aide d'un laminoir, étalez la pâte sur 1,5 mm d'épaisseur. Coupez des cercles de 6 cm de diamètre dedans, puis déposez 1 c. de farce au centre de chacun d'eux. Humidifiez la moitié du bord avec un pinceau, repliez le cercle, puis joignez les deux extrémités.

3 Préparez la sauce : ciselez les oignons. Faites-les revenir 3 min avec un filet d'huile d'olive, puis déglacez la poêle avec le vin blanc. Ajoutez la moitié du romarin, laissez cuire 5 min, ajoutez le lait et la crème. Poursuivez la cuisson 15 min. Le mélange doit réduire d'un tiers. Mixez la sauce encore chaude en ajoutant le pecorino peu à peu.

4 Faites cuire les tortellinis 3 min dans un grand volume d'eau bouillante. Servez-les avec la sauce, et des éclats de noisettes.

Conseil du chef

Ajoutez quelques feuilles de salade amère de trévise assaisonnée d'un trait de vinaigre de cidre au moment de servir.

Deux cheffes sinon rien !

Après avoir décroché une étoile dans leur restaurant L'Innocence (Paris 9e), **Clio Modaffari** et sa comparse Anne Legrand ont bifurqué vers le Sud. Elles officient depuis 2023 au restaurant La Flibuste de Villeneuve-Loubet (Alpes-Maritimes) où elles font désormais rayonner des saveurs méridionales.

RECETTE POUR	PRÉPARATION	CUISSON	RÉFRIGÉRATION
4 PERSONNES	10 MINUTES	9 MINUTES	30 MINUTES

La salade de spaghetti au basilic

d'Éric Bouchenoire

INGRÉDIENTS

240 g de spaghettis
50 feuilles de basilic
Le jus de 1 citron
15 cl d'huile d'olive + 2 c. à soupe
Sel, poivre

1 Dans un mixeur, placez les feuilles de basilic, le jus du citron, 1 pincée de sel, 1 tour de moulin à poivre et les 15 cl d'huile d'olive. Mixez jusqu'à obtenir une purée un peu liquide.

2 Dans une grande casserole, faites bouillir 2 l d'eau après y avoir versé 20 g de sel et 2 c. à soupe d'huile d'olive. Plongez-y les spaghettis sans les couper – attendez que les pâtes ramollissent pour les immerger totalement dans l'eau. Remuez de temps à autre et laissez cuire le temps indiqué sur le paquet (s'agissant d'une salade, mieux vaut que les pâtes soient plus cuites que *al dente*). Égouttez-les et refroidissez-les sous l'eau froide.

3 Fouettez le mélange huile-citron-basilic pour le rendre homogène, puis versez-le sur les pâtes. Mélangez et rectifiez l'assaisonnement. Placez au frais 30 min minimum avant de servir.

Conseil du chef

Vous pouvez ajouter une pointe d'ail cru très finement haché au moment de servir.

Fidèle de Robuchon

Éric Bouchenoire a été le plus proche collaborateur de Joël Robuchon avec qui il a travaillé pendant trente-cinq ans. Aujourd'hui, ce Meilleur Ouvrier de France très respecté veille à perpétuer l'âme du chef le plus étoilé au monde, notamment à l'Atelier Joël Robuchon (Paris 8e).

Trois bouteilles pour le bon accord

UN BLANC DE CORSE
Réalisé à partir du cépage malvoisie, ce patrimonio à la fois sec et fruité est produit par l'un des meilleurs vignerons de l'appellation.
Patrimonio blanc, domaine Gentile, à partir de 21 €.

UN ROSÉ DE PROVENCE
À la fois fin et très frais, ce vin de haute volée (d'où son prix) dévoile des notes de pamplemousse rose et de pêche blanche.
Rose et or, château Minuty, à partir de 26 €.

UN SAKÉ DU JAPON
En clin d'oeil aux liens très forts qui reliaient Joël Robuchon au Japon, on peut privilégier un saké sec et incisif qui, comme celui de la brasserie Fukumitsuya, rappellera certains vins blancs.
Kuro obi dôdô junmai, brasserie Fukumitsuya, à partir de 39 €.

RECETTE POUR	PRÉPARATION	CUISSON	REPOS
4 PERSONNES	25 MINUTES	1 HEURE	12 HEURES

Le riz rouge aux légumes

d'Armand Arnal

INGRÉDIENTS
250 g de riz rouge bio de Camargue
3 ciboules
3 navets nouveaux
3 carottes nouvelles
1 poivron confit
2 courgettes
12 tomates cerises
Huilde d'olive
3 c. à soupe d'huile de colza
100 g de fèves pelées
2 c. à café de sauce soja
100 g de pousses de haricots mungo
1 botte de coriandre
Sel, poivre

1 La veille, faites cuire le riz rouge bio de Camargue comme un riz pilaf. Faites-le revenir dans un filet d'huile d'olive, puis ajoutez trois fois son volume d'eau ou de bouillon, et laissez-le cuire doucement, 45 min environ. Stockez-le au frais.

2 Le jour même, séparez les parties blanches et vertes de la ciboule et ciselez le tout très finement. Taillez en fines lamelles les navets et les carottes. Taillez le poivron et les courgettes en dés, et les tomates cerises en quartiers. Réservez séparément.

3 Faites chauffer l'huile de colza dans un wok ou une poêle jusqu'à ce qu'elle fume. Faites-y revenir les fèves et les courgettes 3 min. Déglacez avec la sauce soja. Ajoutez le blanc de ciboule, les pousses de haricots mungo, les lamelles de navets et de carottes, les dés de poivrons et les tomates cerises. Faites sauter 5 à 8 min à feu vif en remuant sans cesse. Salez et poivrez.

4 Servez le riz recouvert des légumes et de sauce, et parsemez de coriandre et du vert de la ciboule.

Le jardinier

À Arles (Bouches-du-Rhône), en pleine Camargue, dans son restaurant étoilé La Chassagnette, **Armand Arnal** cuisine plus de deux cents légumes et fruits provenant de son potager et de son verger, qui ne cessent de s'agrandir. Et, il met bien sûr aussi à l'honneur tous les autres produits locaux, au premier rang desquels… le riz !

RECETTE POUR	PRÉPARATION	CUISSON
6 PERSONNES	15 MINUTES	40 MINUTES

Les pommes de terre
à l'ail noir
de Frédéric Anton

INGRÉDIENTS

1,2 kg de pommes de terre Charlotte
Quelques branches de thym citron
150 g de beurre demi-sel
12 gousses d'ail noir (1 tête)
Fleur de sel
Poivre concassé

1 Faites cuire les pommes de terre épluchées à la vapeur avec quelques branches de thym citron pendant 35 min. Égouttez-les et mettez-les entre deux torchons. Aplatissez-les délicatement avec la paume de la main pour qu'elles éclatent légèrement.

2 Préparez un beurre noisette, faites-y colorer les pommes de terre de chaque côté, puis ajoutez l'ail noir en chemise et le reste du thym. Arrosez avec le beurre de cuisson. Dressez les pommes de terre et parsemez de fleur de sel et de poivre concassé. Servez aussitôt.

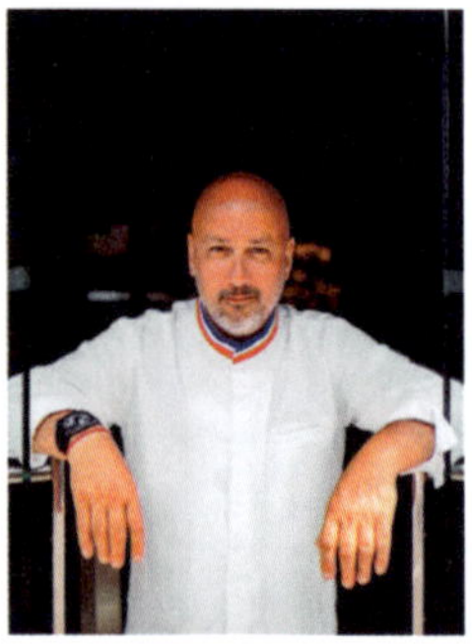

Le toqué de la Tour Eiffel

Ce Meilleur Ouvrier de France est depuis plus de quinze ans triplement étoilé pour la cuisine qu'il propose au Pré Catelan (Paris 16e). En 2024, **Frédéric Anton** a parallèlement obtenu une seconde étoile au restaurant de la Tour Eiffel, le Jules Vernes (Paris 7e). S'il est une référence dans le monde de la haute gastronomie, il aime avant tout partager, ici comme dans ses livres, des recettes réalisables par tous.

Trois vins pour le bon accord

UN VACQUEYRAS
Ce rouge produit dans le sud de la vallée du Rhône est suffisamment charpenté pour être associé à un plat aillé.
Cuvée Arabesque, domaine de Montvac, à partir de 14 €.

UN CROZES-HERMITAGE
L'intensité et le côté fruité de ce rouge de la vallée du Rhône en font un vin gourmand et structuré.
Cuvée L, domaine Laurent Combier, à partir de 17 €.

UN CORBIÈRES
Ce vin rouge bio est élaboré par une étonnante famille, où l'on est à la fois médecins et vignerons passionnés !
Cuvée Les Chemins, château La Baronne, à partir de 16 €.

RECETTE POUR	PRÉPARATION	CUISSON
4 PERSONNES	20 MINUTES	50 MINUTES À 1 HEURE

Le butternut façon boulangère

de Gaël Orieux

INGRÉDIENTS

1 butternut (1,5 kg environ)
4 gros oignons
100 g de beurre
2 gousses d'ail
4 branches de thym
2 feuilles de laurier
80 cl de bouillon de volaille
Sel, poivre

1 Coupez le butternut avec la peau en quatre tranches identiques dans le sens de la largeur et enlevez les graines.

2 Émincez les oignons. Faites fondre le beurre dans une cocotte, ajoutez les oignons et l'ail. Laissez cuire à feu doux 15 min environ, puis déposez les morceaux de butternut, le thym, le laurier, le bouillon de volaille, du sel et du poivre.

3 Portez à ébullition, puis enfournez à 180 °C sans couvrir, entre 30 et 40 min, dans la cocotte ou dans un plat en arrosant régulièrement. Une fois le butternut bien fondant, servez sans attendre.

L'eau à la bouche

Amoureux des océans et de plongée sous-marine, dans son restaurant Auguste (Paris 7e), **Gaël Orieux** se plaît à proposer une cuisine iodée à l'image de ses huîtres aux poires et au raifort. Mais il le fait sans exclusive, en accordant aussi une place importante au végétal. Ses assiettes toujours gourmandes et très personnelles lui valent d'être étoilé sans discontinuer depuis vingt ans !

Trois vins pour le bon accord

UN MONTLOUIS-SUR-LOIRE
Ce vin sec et fruité dévoile des arômes d'agrumes et de fleurs blanches. Une bouche équilibrée et complexe
Cuvée Les Bournais, domaine François Chidaine, à partir de 33 €.

UN GEWURZTRAMINER
Très frais et moins sec qu'on l'imagine, ce vin d'Alsace séduit grâce à sa palette aromatique mêlant rose et fruits exotiques avec des touches poivrées et miellées.
Domaine Léon Beyer, à partir de 19,50 €.

UN GRAVES
Un bordeaux aux jolis parfums d'agrumes et de vanille qui, en bouche, se révèle vif, rond et structuré. Parfait pour l'apéritif.
Cuvée Graves blanc, château Jouvente, à partir de 18,90 €.

La grande famille des légumineuses

Base de l'alimentation dans de nombreuses cultures du monde, les légumineuses (aussi appelées « légumes secs ») et leur grande diversité sont un atout de premier choix pour découvrir de nouvelles saveurs et varier les apports en nutriments, notamment en protéines.

LE POIS CHICHE : LE PÈRE DES CUISINES ORIENTALES

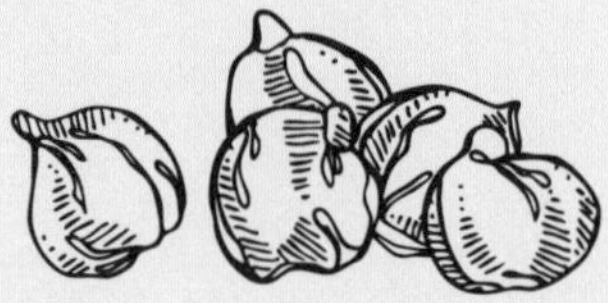

Riche en vitamine B9 et en magnésium, le pois chiche est utilisé aussi bien en graine que réduit en farine. Très présent dans la cuisine orientale, il est une base essentielle du couscous, des mezze libanais avec le houmous ou encore des falafels. En France, la farine est utilisée pour réaliser la socca niçoise, une galette fine agrémentée d'huile d'olive et cuite au feu de bois, cousine du panisse marseillais et de la cade toulonnaise.

Originaire de Turquie et du Proche-Orient et semé habituellement dans les régions chaudes d'Europe, il remonte de plus en plus vers le Nord du fait du réchauffement climatique : on peut désormais le trouver dans les Charentes ou dans les Deux-Sèvres, par exemple. La seule AOP existant concerne un pois chiche espagnol, originaire de Fuentesaúco (Castille-et-León).

LA LENTILLE : LA MÈRE DE L'ALIMENTATION VÉGÉTARIENNE

Sa teneur en fer et en protéines est reconnue depuis longtemps. Facile à préparer et au goût plus ou moins marqué de noisette, la lentille entre dans l'élaboration de nombreux plats traditionnels comme le koshari égyptien (un mélange de riz, lentilles, pois chiches, sauce tomate et oignons frits) ou le dahl indien. Dans une version un peu moins végétarienne et un peu plus locale, les saucisses lentilles sont un emblème culinaire auvergnat. Cultivée depuis des millénaires et originaire du Proche-Orient, la lentille se décline en couleurs selon sa variété : verte, blonde, corail, brune, jaune, rouge ou noire (beluga). La lentille verte du Puy et celle du Berry bénéficient chacune d'une IGP mais il existe aussi une IGP italienne, la lentille de Castelluccio di Norcia (Ombrie), aux grains multicolores.

La protéine complète

De nombreux plats traditionnels dans le monde associent une légumineuse à une céréale (blé, riz, maïs) et se passent de viande. Cet assemblage permet d'obtenir une protéine dite « complète », car elle contient tous les acides aminés essentiels comme celle provenant de la viande.

LE HARICOT : L'ONCLE D'AMÉRIQUE

Sous la forme demi-sèche (encore dans sa gousse) ou sèche, le haricot est une source de calcium et de magnésium. Son goût doux, sa culture et sa préparation faciles lui ont permis de conquérir le monde à travers un nombre incalculable de préparations culinaires : chili, madesu congolais, maharagwe ya nazi de Tanzanie (haricots au lait de coco) et évidemment le cassoulet et ses trois variantes : Castelnaudary, Toulouse et Carcassonne.

Originaire du Nouveau Monde, le haricot affiche une diversité impressionnante de tailles, de couleurs (rouge, rose, blanc, vert, violet, strié…) et de goûts qui l'a imposé facilement en France avec un grand nombre de variétés locales comme le coco rose de la Meuse, le coco rose d'Eyragues ou encore le haricot nain rognon de Pont-l'Abbé. Il bénéficie également d'IGP et d'AOP : le coco de Paimpol, le haricot de Soissons, la mogette de Vendée, les haricots de Castelnaudary et tarbais.

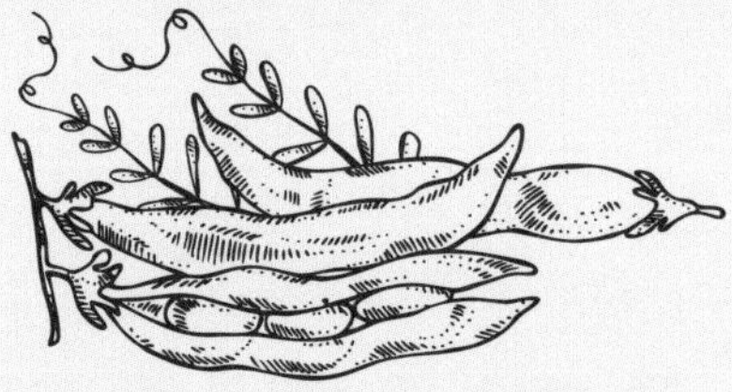

Le soja est aussi une légumineuse !

Sa consommation sous forme de graines est plus compliquée car la plante contient plusieurs substances défavorables (anti-nutriments) ou toxiques pour la santé. Sa préparation demande plusieurs trempages et une bonne cuisson pour éliminer la majeure partie de celles-ci.

LE POIS : L'ENFANT ÉNERGIQUE

Originaire du Proche-Orient et cultivé dès le néolithique, le pois sec contient de nombreux glucides et oligoéléments (phosphore, magnésium et potassium) et son goût se rapproche de celui du petit pois puisqu'il s'agit de la même plante dont les grains sont récoltés à des stades de maturité différents. Frais et vert, il possède déjà bien plus de valeur énergétique que la laitue, par exemple. Sous sa forme sèche, il est très employé dans la cuisine traditionnelle indienne, notamment dans les dahls et les currys. En France, frais, il est mis à l'honneur dans la recette traditionnelle dite « à la française », et sec, en purée de pois cassé.

LA FÈVE : LA GRAND-MÈRE DÉLAISSÉE

Sa teneur élevée en vitamines du groupe B en fait une alliée précieuse pour la santé de la peau. Consommée fraîche ou sèche, elle est surtout utilisée dans la cuisine orientale. Les fèves à la marocaine mettent à l'honneur ce légume sec en le parfumant à l'ail et aux épices, tandis que le falafel, en plus du pois chiche, requiert sa présence pour révéler toutes ses saveurs.

Avec l'arrivée du haricot d'Amérique, la fève a été quelque peu oubliée alors qu'elle était très consommée au Moyen Âge. Mais elle revient progressivement sur les étals des marchés ces dernières années, sous sa forme fraîche d'avril à juillet.

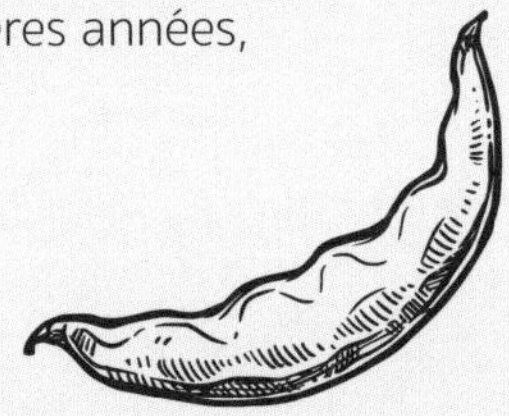

Comment préparer les légumineuses ?

La cuisson des légumes secs demande parfois un peu d'anticipation et cela peut nous inciter à ne pas en manger ou bien à nous tourner vers la conserve qui ne donne pas toujours de bons résultats, surtout du point de vue de la texture. Pourtant, avec quelques astuces, il vous sera facile d'en manger plus souvent et avec plaisir !

Écossez au dernier moment !

La gousse des haricots, pois et fèves est une enveloppe protectrice naturelle. Si vous achetez des légumineuses sous cette forme, rangez-les telles quelles dans le bac à légumes du réfrigérateur et écossez-les seulement à la dernière minute.

Pensez aux graines germées

Le haricot mungo, abusivement appelé « pousse de soja », est sans doute la graine germée la plus connue. Mais les pois verts, les lentilles, certains petits haricots (azuki, par exemple) peuvent se consommer également sous cette forme et sublimeront vos tartines, salades et plats cuisinés !

LA SÉLECTION FACILE ET RAPIDE, SANS TREMPAGE

Si cette opération vous freine, sachez que les lentilles ne requièrent pas de trempage préalable. Mieux encore, les lentilles corail ou blondes réclament généralement un temps de cuisson assez réduit (environ 10 min). De manière générale, les petits haricots comme le mungo et l'azuki ne nécessitent pas de trempage non plus.

Au marché, il est possible de trouver des haricots et des fèves encore dans leurs cosses (sous la forme demi-sèche comme les cocos de Paimpol). Là encore le trempage n'est pas nécessaire et le temps de cuisson est fortement réduit.

PETITES ASTUCES GAIN DE TEMPS !

Selon le légume sec, le temps de trempage avant cuisson peut se révéler assez long. Pour éviter de vous rabattre sur une conserve ou de ne pas en manger du tout, préparez une grande quantité du légume sec de votre choix et congelez-le après cuisson. Il suffit de le laisser refroidir et de le diviser en portions pour l'utiliser facilement ensuite.

Une autre astuce est le trempage accéléré. Il s'agit de mettre les légumineuses dans une casserole remplie d'eau froide, de porter à ébullition le tout durant deux minutes, de retirer du feu et de laisser reposer une heure avec un couvercle. Cela ne remplace pas complètement le trempage long mais peut être utile en cas de besoin.

POUR SERVIR DES LÉGUMINEUSES À VOS INVITÉS

L'essentiel est d'obtenir une cuisson et un aspect parfaits pour faire découvrir des saveurs oubliées ou méconnues. En plus du respect du temps de trempage, voici quelques petits conseils pour conquérir vos invités.

1. Salez l'eau plutôt en fin de cuisson (pour éviter le durcissement).

2. N'utilisez pas de substances acides (citron, par exemple) avant la fin de la cuisson (pour éviter une texture trop dure également).

3. Rincez deux à trois fois sous l'eau claire s'il s'agit de légumes secs en conserve, pour éliminer le sel qu'ils contiennent.

4. Ajoutez du bicarbonate de soude dans l'eau de trempage pour éviter certains désagréments intestinaux et rendre les légumineuses plus tendres.

5. Faites-les blanchir. Veillez à jeter l'eau utilisée pour cette opération et terminez la cuisson dans une nouvelle eau.

6. Aromatisez l'eau de cuisson : un oignon piqué de deux clous de girofle mis dès le départ dans l'eau de cuisson des lentilles parfumera agréablement celles-ci. Classique mais efficace !

7. Déclinez des classiques ! Un bon houmous réalisé maison fait toujours son petit effet et cette recette peut être déclinée avec d'autres légumineuses comme des flageolets ou des fèves.

8. Jouez sur les modes de préparations en utilisant les différentes formes sous lesquelles se présentent les légumineuses (en farine, concassées) pour réaliser des recettes originales : pois chiches concassés façon pilaf, croquettes de lentilles, haricots noirs dans un gâteau au chocolat...

Un repas entier à base de pois chiches ?

Apéritif
Pois chiches grillés

Entrée
Houmous

Plat
Salade de pois chiches

Dessert
Île flottante réalisée avec de l'*aquafaba*

Temps de trempage

1 h 30
Pois cassés

12 h
Fèves

12 h
Haricots rouges et blancs

12 à 24 h
Pois-chiches

Lentilles, haricots mungo et azuki : trempage non nécessaire

Desserts à base d'*aquafaba*

Signifiant littéralement « eau de fève », l'*aquafaba* est l'eau de cuisson des pois chiches qui, une fois fouettée, forme une mousse se substituant aux blancs d'œufs montés en neige. Il est donc possible de s'en servir pour faire des meringues ou une mousse au chocolat.

RECETTE POUR

4 PERSONNES

PRÉPARATION

15 MINUTES

CUISSON

1 MINUTE

La salade de fèves, vinaigrette aux agrumes

de Nadège Serret

INGRÉDIENTS

Salade de fèves

400 g de fèves fraîches écossées et pelées
1 petite racine de gingembre
1 oignon rouge
1 orange sanguine
Huile d'olive
250 g de mesclun
Fleur de sel

Vinaigrette aux agrumes

Le jus de 1 citron
Le jus de 1 clémentine
5 cl de vinaigre balsamique blanc
15 cl d'huile d'olive
50 g d'échalotes

Finition et dressage

40 g de pistaches torréfiées
40 g de noisettes torréfiées
Quelques fleurs comestibles (pensées, bégonias, cosmos...)

1 Faites cuire les fèves 1 min dans de l'eau bouillante. Égouttez-les, puis rafraîchissez-les. Hachez le gingembre et taillez finement l'oignon rouge. Prélevez les suprêmes de l'orange sanguine.

2 Mélangez les fèves avec le gingembre et l'oignon, puis assaisonnez avec de l'huile d'olive et de la fleur de sel.

3 Pour la vinaigrette aux agrumes, mélangez les jus du citron et de la clémentine, ajoutez le vinaigre balsamique, l'huile d'olive et les échalotes ciselées.

4 Dans une assiette creuse, disposez le mesclun, les fèves et l'orange sanguine, puis versez la vinaigrette.

5 Décorez de pistaches et de noisettes torréfiées, et de fleurs.

Conseil de la cheffe

Vous pouvez agrémenter cette recette d'une brousse de chèvre et de miel aux noisettes.

La Provençale

Nadège Serret est, avec Olivier Charmadiras, à la tête des cuisines de La Petite Verrière au Puy-Sainte-Reparade (Bouches-du-Rhône), non loin d'Aix-en-Provence. Ils y proposent une vraie cuisine de terroir qu'ils réalisent avec des éleveurs, des producteurs ou des artisans de bouche locaux le plus souvent possible en circuit court.

RECETTE POUR	PRÉPARATION	CONGÉLATION
4 PERSONNES	30 MINUTES	12 HEURES

Les tomates mozzarella
au cassis

de Rémy Giraud

INGRÉDIENTS

2 mozzarellas *di bufala*
1 tomate orange Russian Persimmon ou Orange Queen
1 tomate verte Evergreen
1 tomate Téton de vénus
Quelques tomates cerises rouges, jaunes, orange et vertes
80 g de cassis
½ botte de basilic
½ gousse d'ail
20 cl d'huile d'olive
1 fruit de la passion
Pousses de salade
Roquette
Cerfeuil
Persil plat
Sel, poivre

1 La veille, ébouillantez, puis rafraîchissez le basilic dans de l'eau froide. Mixez-le avec l'ail, l'huile d'olive et du sel. Filtrez à travers un tissu, puis congelez le liquide obtenu.

2 Le jour même, coupez les tomates en quartiers. Mélangez-les avec les baies de cassis. Tranchez les mozzarellas, réservez. Sortez l'huile du congélateur, enlevez la partie inférieure incolore (eau), puis décongelez.

3 Mélangez l'huile ainsi obtenue à la pulpe du fruit de la passion pour obtenir la sauce de la salade. Mélangez-la avec les tomates et le cassis. Salez, poivrez. Ajoutez la mozzarella, quelques pousses de salade, de la roquette et les herbes hachées.

Le militant

Pendant plus de trente-cinq ans, **Rémy Giraud** a été le chef du domaine des Hauts de Loire à Onzain (Loire-et-Cher). Il a longtemps été le seul double étoilé de cette région. Membre référent du Collège Culinaire de France, il défend les petits producteurs et artisans pour une alimentation de qualité, avec le sérieux qui le caractérise.

RECETTE POUR 4 PERSONNES | PRÉPARATION 30 MINUTES | CUISSON 5 MINUTES

La burrata, crème de roquette, tomates et herbes du maquis

de Fabio Bragagnolo

INGRÉDIENTS

4 burratas (125 g chacune)
200 g de roquette
200 g de tomates rouges et jaunes (cerises ou Tomberry, de préférence)
100 g de pignons de pins corses
50 g d'herbes fraîches mélangées (nepita, myrte, romarin, basilic)
100 g de tomme corse
Huile d'olive
Sel, poivre

1 Préparez la crème de roquette : faites bouillir de l'eau salée. Plongez-y la roquette 2 ou 3 min. Égouttez-la et laissez-la refroidir avant de la mixer finement avec un filet d'huile d'olive. Salez et poivrez.

2 Préparez le pesto : dans une grande poêle chaude, toastez à sec les pignons de pin 3 à 4 min. Mixez-les dans un blender avec la tomme, les herbes effeuillées (conservez-en quelques-unes pour le dressage) et 15 cl d'huile d'olive.

3 Versez la crème de roquette dans chaque assiette. Ajoutez 1 burrata et entaillez-la légèrement. Disposez les tomates coupées en fines lamelles et assaisonnées d'un filet d'huile d'olive, de sel et de poivre. Ajoutez 2 c. à soupe de pesto sur la burrata et décorez avec quelques herbes. Servez sans attendre.

L'amoureux de la Corse

Fabio Bragagnolo, chef italien, a posé ses valises à Porto-Vecchio où il a décroché deux étoiles grâce à la cuisine méditerranéenne contemporaine inspirée du terroir local qu'il signe au restaurant gastronomique de l'hôtel Casadelmare, un des plus beaux établissements de l'île.

Trois vins pour le bon accord

UN BIANCO GENTILE
Situé dans les régions de Figari, de Patrimonio et de Sartène, ce cépage produit des vins blancs ronds et aromatiques.
Domaine Antoine-Marie Arena, à partir de 22 €.

UN NIELLUCCIU
Très pâle et légèrement acide, ce rosé répond idéalement au côté crémeux de la burrata.
Cuvée YL Rosé, domaine Yves Leccia, à partir de 18 €.

UN VERMENTINO
Ce cépage très ancien tient une place importante dans la viticulture corse et donne des vins blancs frais et délicats.
Cuvée Le J, domaine Granajolo, à partir de 17 €.

Desserts

RECETTE POUR	PRÉPARATION	CUISSON
4 PERSONNES	10 MINUTES	35 MINUTES

Le clafoutis aux cerises et pistaches

de Guy Savoy

INGRÉDIENTS

300 g de cerises bien mûres
30 g de pistaches décortiquées entières
40 g de fécule de maïs
50 g d'amandes en poudre
40 g de pistaches en poudre
65 g de sucre en poudre
20 cl de lait entier
200 g de crème fraîche épaisse
3 œufs
1 jaune d'œuf

1 Préchauffez le four à 170 °C. Mélangez la fécule, les amandes et pistaches en poudre et le sucre. Ajoutez le lait et la crème, puis les œufs et le jaune d'œuf.

2 Enduisez un plat de cuisson de beurre pommade, puis saupoudrez-le de sucre. Disposez les cerises (ne les dénoyautez surtout pas) au fond du récipient avec 20 g de pistaches. Versez la pâte sur les fruits. Enfournez le plat pour 35 min. À mi-cuisson, posez le reste des pistaches sur la préparation.

Chef du meilleur restaurant du monde

À la tête d'une des meilleures tables du monde, **Guy Savoy** a une aura internationale. D'ailleurs, son restaurant à la Monnaie de Paris (Paris 6e) figurait, en 2024, à la première place du classement international La Liste pour la septième année consécutive !

Des bulles pour le dessert ?

Du champagne ! C'est la première idée qui vient en tête pour accompagner un dessert lors d'un repas de fête. Mais on peut être vite déçu de l'accord... Il faut savoir choisir le bon champagne, mais aussi s'éloigner de cette habitude afin d'opter pour d'autres vins qui mettront davantage votre fin de repas en valeur !

Quel champagne pour quel accord ?

CHAMPAGNE DOUX OU DEMI-SEC
Pour un accord parfait avec les fruits exotiques.

CHAMPAGNE ROSÉ
Un accompagnement qui se mariera à merveille si votre dessert contient principalement des baies (du type cassis, groseilles, etc.).

CHAMPAGNE BRUT OU EXTRA BRUT
Pour un dessert au chocolat noir s'il est peu sucré, bien que l'accord soit plus complexe... Préférez un blanc de noir (raisin noir à jus blanc) !

CHAMPAGNE : PRÊTEZ ATTENTION AUX ARÔMES DE VOTRE DESSERT !

Qu'il s'agisse d'un champagne ou d'un vin, c'est la sucrosité qui doit guider votre choix. Sauf dans quelques cas particuliers, les vins trop secs auront du mal à se marier avec un dessert car ils pâtiront d'un trop fort contraste avec le sucre. Pour accompagner votre dessert, il faudra souvent miser sur des champagnes peu acides, donc aux taux de sucre assez élevés (sec, demi-sec ou doux).

Gardez à l'esprit que les champagnes de chaque maison possèdent leur identité propre, le choix des cépages et leur assemblage sont déterminants. Ainsi, un champagne demi-sec de l'une pourra aller à merveille avec votre dessert tandis qu'un champagne du même type d'une autre se mariera moins bien. À vous de mener l'enquête !

CHAMPAGNE ET SUCRE, VEILLEZ AU TAUX !

1	Brut nature	0 sucre ajouté et teneur en sucre résiduel inférieure à 3g/l
2	Extra brut	entre 0 et 6 g/l
3	Brut	moins de 12 g/l
4	Extra sec (ou Extra Dry)	de 12 à 17 g/l
5	Sec (ou Dry)	de 17 à 32 g/l
6	Demi-sec	de 32 à 50 g/l
7	Doux	plus de 50 g/l

Des arômes en veux-tu en voilà !

Pain grillé, fraise, miel… Pour découvrir les différents arômes d'un champagne selon son âge et ses cépages, parcourez la carte des arômes interactive établie par le Comité champagne (www.champagne.fr/fr/deguster-le-champagne/la-carte-des-aromes).

Sans alcool ? Jouez-la *british* !

La logique d'accord mets-vins peut être transposée aux boissons sans alcool. La variété des thés vous offre, par exemple, tout un panel de possibilités. Associez un thé noir avec un dessert au chocolat noir, les arômes intenses de chacun pouvant s'harmoniser. Des thés plus légers (le thé blanc, par exemple) conviendront mieux aux desserts fruités.

LES VINS DOUX : UNE ALTERNATIVE INTÉRESSANTE

Le dessert est le moment idéal pour surprendre vos invités avec des vins qui sortent de l'ordinaire, surtout si vous avez misé sur un dessert assez classique. Par leur caractère sucré assez intense pour certains, les vins doux représentent une option intéressante. Leur procédé d'élaboration induit souvent un plus fort taux d'alcool et de sucre mais surtout des arômes et des textures que l'on ne trouve que chez eux !

VINS BLANCS ET ROUGES : SIMPLE ET EFFICACE

Parfois, rien ne vaut un bon vin ! Dans la même logique que les vins doux, servis bien frais, les vins moelleux et liquoreux (la différence tient dans les taux de sucre) peuvent faire des merveilles avec beaucoup de desserts.

Tous les vins issus de vendanges tardives (Alsace, Sud-Ouest, Jura…), les vins moelleux comme le côteau-du-layon ou le jurançon moelleux, seront judicieux pour des desserts aux fruits jaunes. La rondeur du bonnezeaux, avec ses arômes de fruits confits et exotiques, sera la compagne idéale d'une tarte Bourdaloue.

Des vins à forte personnalité sont aussi une option appropriée. Il faut jouer sur la complémentarité ou la similitude pour renforcer les sensations. Ainsi, certains pinots noirs du Pays d'Oc se marieront à merveille avec des desserts aux fruits rouges.

En résumé, il n'existe pas une solution unique de mariage dessert-vin, tout dépend des saveurs de votre dessert. N'hésitez pas à interroger votre caviste sur les vins qui peuvent s'accorder au mieux avec la recette que vous avez en tête.

Quelques vins doux pour l'accord

BANYULS RIMAGE (ROUSSILLON)
Ses notes épicées et de fruits rouges seront en accord parfait avec un dessert à la fraise ou la framboise.

MAURY ROUGE ET MAURY BLANC (ROUSSILLON)
Le premier présente des notes de griotte, de mûre, de pruneaux et de baies rouges tandis que le second exprime des arômes floraux et d'agrumes comme le pamplemousse.

RASTEAU ROUGE (VALLÉE DU RHÔNE)
Il propose des saveurs chaudes et puissantes (fruits très mûrs ou secs, cacao, miel, caramel, vanille, cannelle…) qui iront avec un dessert assez riche au praliné.

RECETTE POUR	PRÉPARATION	CUISSON
4 PERSONNES	15 MINUTES	1 HEURE

Le far breton

de Benoît Castel

INGRÉDIENTS

300 g de pruneaux d'Agen dénoyautés
25 g de farine
90 g de sucre glace
15 g d'amandes en poudre
2 petits œufs
260 g de crème liquide à 35 % de matière grasse
1 c. à café de vanille liquide

1 Préchauffez le four à 160 °C. Beurrez et sucrez un plat à gratin. Déposez les pruneaux dans le fond.

2 Mélangez la farine, le sucre glace et les amandes en poudre. Ajoutez les œufs un par un, puis la crème liquide et la vanille. Mélangez bien. Versez la préparation sur les pruneaux.

3 Enfournez le plat pour 1 h environ. Tournez-le à mi-cuisson afin qu'il dore de façon homogène.

Boulanger parisien

S'il est pâtissier de formation, **Benoît Castel** est aujourd'hui connu pour ses boulangeries parisiennes (Paris 11e et 20e) où il propose, entre autres, son savoureux pain du coin au sel fumé, et des pâtisseries naturelles sans colorants. Plus récemment, il a ouvert une épicerie et un *coffee shop*.

Trois bouteilles pour le bon accord

UN MACVIN
Ce vin doux du Jura est réalisé à partir de marc et d'eau-de-vie. Bu frais, il libère ses arômes de fruits secs et de caramel.
Domaine de Montbourgeau, à partir de 22 €.

UN CIDRE
Une évidence pour accompagner ce dessert typiquement breton. Celui-ci est brut et plein de personnalité.
Cidre fermier brut Pays de Brocéliande, à partir de 5 €.

UN ROSÉ D'ANJOU
Un remarquable cru, conçu à partir de cabernet, avec d'agréables arômes de fruits rouges. À déguster au goûter comme au dessert.
Cuvée l'Enjouée rosé, domaine Ogereau, à partir de 9,50 €.

RECETTE POUR	PRÉPARATION	CUISSON	RÉFRIGÉRATION
8 PERSONNES	30 MINUTES	1 HEURE 15	12 HEURES

Le cheesecake

de Jacques Genin

INGRÉDIENTS

900 g de fromage blanc
105 g de crème fraîche épaisse
6 jaunes d'œufs
165 g de sucre en poudre
4 gousses de vanille
205 g de farine
5 blancs d'œufs
72 g d'amandes en poudre
80 g de sucre glace
80 g de beurre mou
3 pincées de sel

1 Préchauffez le four à 160 °C. Mélangez le fromage blanc, la crème, les jaunes d'œufs et 65 g de sucre. Fouettez. Ajoutez les graines des gousses de vanille, 85 g de farine et 2 pincées de sel. Montez les blancs en neige, puis serrez-les en y ajoutant progressivement 100 g de sucre, tout continuant à battre. Incorporez les blancs à la préparation précédente délicatement.

2 Mélangez 120 g de farine, les amandes en poudre, le sucre glace et 1 pincée de sel. Ajoutez le beurre et malaxez jusqu'à obtenir une texture sablée. Beurrez un cercle à pâtisserie de 24 cm de diamètre, et disposez-le sur la plaque du four recouverte de papier sulfurisé. Au fond, étalez la pâte sablée en l'aplatissant avec la paume. Laissez cuire 20 min.

3 Versez sur la pâte le mélange au fromage blanc. Faites cuire en trois temps en chaleur tournante : à 170 °C pendant 20 min, puis à 160 °C pendant 20 min et enfin à 155 °C pendant 15 min. Laissez refroidir, puis placez 12 h au frais.

Le fondu de chocolat

Beaucoup voient en **Jacques Genin** un génie du chocolat car ses créations très personnelles sont d'une éblouissante finesse. Ce maître des arts sucrés se revendique « fondeur en chocolat » car, dans sa chocolaterie (Paris 3e), il confectionne ses bonbons comme des lingots qu'il coule à partir de cacao spécialement fabriqué pour lui. Unique !

Trois vins pour le bon accord

UN ROUGE D'ALSACE
Sa légère acidité réveillera ce cheesecake, et ses arômes de fruits rouges le rendront encore plus gourmand.

Pinot noir, Audrey et Christian Binner, à partir de 18 €.

UN BLANC DE PANTELLERIA
Jacques Genin a craqué pour ce blanc sec à la délicate acidité, une rareté au prix soutenu originaire d'une petite île au sud de la Sicile.

Bianco Zibibbo, domaine Serragghia, à partir de 77 €.

UN ROSÉ DES ALPILLES
Ce rosé frais et fleuri, réalisé en biodynamie, donnera à ce cheesecake des accents printaniers.

Romanin Rosé, château Romanin, à partir de 12 €.

RECETTE POUR	PRÉPARATION	CUISSON
4 PERSONNES	15 MINUTES	40 MINUTES

Le gratin de poires aux amandes

de Christian Têtedoie

INGRÉDIENTS
2 poires Williams
1 l d'eau
500 g de sucre en poudre
1 gousse de vanille
2 zestes de citron

Crème d'amandes
100 g d'amandes en poudre
100 g de sucre en poudre
1 pincée de sel
10 g de farine
2 œufs
10 g d'alcool de poire
100 g de beurre fondu
100 g d'amandes effilées

1 Pelez les poires et enlevez les pédoncules. Mélangez l'eau et le sucre, puis faites bouillir quelques minutes.

2 Ajoutez la gousse de vanille fendue en deux, ainsi que les zestes de citron, puis pochez les poires jusqu'à ce qu'elles soient fondantes. Vérifiez la cuisson à l'aide d'un couteau : la pointe doit s'enfoncer sans résistance. Laissez refroidir les poires dans le sirop.

3 Préchauffez le four à 180 °C. Mélangez les amandes en poudre, le sucre, le sel et la farine. Ajoutez les œufs, l'alcool de poire et le beurre fondu. Mélangez.

4 Versez la crème d'amande dans un moule. Coupez les poires en quartiers, disposez-les sur la crème et parsemez le tout d'amandes effilées. Faites cuire 30 min environ.

L'étoile de Fourvière

Accroché aux pentes de la fameuse colline de Fourvière, le restaurant étoilé de ce Meilleur Ouvrier de France domine Lyon. Et ce sont d'ailleurs, comme les poires en automne, les formidable produits cultivés dans cette région si riche en cultures maraîchères qui inspirent, tout au long de l'année, la cuisine de **Christian Têtedoie**.

Trois bouteilles pour le bon accord

UN CHAMPAGNE
Ses arômes fruités et ses fines bulles en font un choix idéal. Et Christian Têtedoie avoue adorer les vins de cette maison !
Cuvée Désir, Marguerite Guyot, à partir de 42 €.

UN POIRÉ
Produit à partir de fruits récoltés sur des arbres anciens, ce poiré ne marie parfaitement avec un dessert sucré.
Cuvée Granit, Éric Bordelet, à partir de 20,50 €.

UN COTEAUX-DU-LAYON
Ce vin frais aux belles notes de coing et de tilleul peut se conserver dix ans.
Cuvée Le Clos de la Bergerie, domaine de la Bergerie-Yves Guégniard, à partir de 13,75 €.

RECETTE POUR	PRÉPARATION	CUISSON
4 PERSONNES	25 MINUTES	45 À 50 MINUTES

Les pommes au four

de Jean-François Rouquette

INGRÉDIENTS

8 pommes Reine des reinettes
Beurre
50 g de sucre muscovado ou de cassonade
20 g de raisins secs
80 g de crème épaisse
Le zeste de 1 citron
50 g de noisettes en poudre

1 Préchauffez le four à 160 °C. Coupez les pommes en deux horizontalement pour obtenir seize moitiés de taille égale. Évidez-les mais gardez la peau. Placez-en huit dans un plat à gratin beurré, et disposez par-dessus de petits morceaux de beurre. Versez un verre d'eau dans le plat et laissez cuire au four, pendant 30 min.

2 Pelez et râpez les huit autres moitiés de pommes dans un cul-de-poule. Ajoutez le sucre, les raisins, la crème, le zeste et les noisettes en poudre. Mélangez le tout délicatement.

3 À l'aide d'une cuillère, façonnez sur chaque demi-pomme cuite un dôme avec ce mélange. Montez le four à 210 °C, ajoutez quelques petits copeaux de beurre sur chaque dôme et enfournez jusqu'à coloration de ce dernier (comptez entre 15 et 20 min). Servez les pommes tièdes.

Conseil du chef

Vous pouvez les accompagner d'une boule de glace à la vanille ou d'une crème anglaise.

L'amoureux de produits d'exception

Aveyronnais, lui-même fils de restaurateurs, **Jean-François Rouquette** est aujourd'hui à la tête du restaurant étoilé Pur' au sein de l'hôtel Park Hyatt Paris-Vendôme (Paris 2e). Avec sa cuisine, il met en lumière, de manière très actuelle, les petites merveilles de producteurs passionnés qu'il déniche partout en France et parfois même plus loin.

Trois bouteilles pour le bon accord

UNE BIÈRE BLANCHE
Qu'elle est fraîche et légère, cette bière bretonne ! En bouche, céréales, orange et coriandre sont à la fête.
Blanche, brasserie Britt, à partir de 1,75 € les 33 cl.

UN CIDRE DEMI-SEC
Produites par un domaine réputé, ces bulles à la fois douces et acidulées ont leur place sur les tables étoilées.
Sidre Brut Tendre, domaine Éric Bordelet, à partir de 7,50 € les 75 cl.

UN GEWURZTRAMINER
Avec ses arômes de fruits mûrs, de miel et d'épices, ce blanc d'Alsace est parfait pour le dessert.
Vendanges tardives, maison Klipfel, à partir de 27 €.

RECETTE POUR

5 TARTELETTES

PRÉPARATION

1 HEURE

CUISSON

30 MINUTES

Les tartelettes aux fraises

de Yann Couvreur

INGRÉDIENTS

Fond de tarte

400 g de pâte sucrée maison
ou de pâte sablée toute prête
(plus riche en beurre
et plus friable que la première)

Crème d'amandes

85 g d'amandes en poudre
1 gousse de vanille
85 g de beurre mou
85 g de sucre glace
1 œuf

Compote de fraises

500 g de fraises
10 g d'agar-agar

Crème au basilic

30 g de feuilles de basilic
+ quelques-unes pour le décor
33 cl de crème liquide
6 g de feuille de gélatine
15 cl de lait
140 g de jaunes d'œufs
60 g de sucre en poudre

Garniture

1 kg de fraises

1 Préchauffez le four à 160 °C. Détaillez des ronds de 16 cm de diamètre dans la pâte. Utilisez-les pour foncer des cercles à tarte de 12 cm, préalablement beurrés et farinés. Déposez des poids de cuisson sur les fonds de tartelettes et enfournez pour 15 min environ.

2 Pendant ce temps, réalisez la crème d'amandes. Après avoir fendu la gousse de vanille, récupérez les graines avec le plat d'un couteau. Mélangez-les au beurre mou et au sucre glace, puis aux amandes en poudre. Ajoutez l'œuf, formez une pâte homogène.

3 Réalisez la compote : équeutez les fraises, mixez-les et faites-les chauffer dans une casserole. Ajoutez l'agar-agar en pluie en mélangeant au fouet jusqu'à ébullition. Mixez à froid jusqu'à obtenir une texture lisse et brillante.

4 Réalisez la crème au basilic : dans un bol d'eau froide, réhydratez la gélatine. Dans une casserole, portez le lait à ébullition avec la crème. Hors du feu, ajoutez le basilic et mixez. Passez au chinois. Ajoutez les jaunes d'œufs et le sucre que vous aurez préalablement mélangés. Remettez sur le feu et faites cuire jusqu'à 85 °C sans cesser de remuer. Hors du feu, ajoutez la gélatine essorée. Mélangez bien.

5 Passez au montage. Étalez la crème d'amandes dans le fond des tartelettes, puis un peu de compote de fraises. Recouvrez à hauteur avec la crème au basilic. Déposez les fraises préalablement coupées en quatre. Décorez avec des pointes de crème au basilic et des feuilles de basilic.

Le pâtissier prodige

Avec des boutiques à Paris, à Vincennes, à Megève, en Corée, à Dubaï et désormais aussi à Miami, **Yann Couvreur** s'est fait connaître, au milieu des années 2010, avec son fameux mille-feuille à la vanille. Depuis, tel le renard qui est l'emblème de sa maison, ce pâtissier prodige ne cesse de courir !

RECETTE POUR	PRÉPARATION	CUISSON
8 PERSONNES	30 MINUTES	2 HEURES

La Tatin

de Michel Rostang

INGRÉDIENTS

4 kg de pommes Granny Smith
200 g de beurre
500 g de sucre en poudre
350 g de pâte brisée, sablée ou feuilletée
Crème fraîche épaisse

1 Coupez les pommes en quartiers. Préchauffez le four à 180 °C. Mélangez le beurre et le sucre dans un saladier. Répartissez ce mélange dans 8 cocottes en fonte de 10 cm de diamètre. Disposez par-dessus une partie des pommes coupées. Enfournez pour 1 h 30. Au fur et à mesure que les pommes réduisent, ajoutez des quartiers en cours de cuisson (il faut au total 500 g de fruits par cocotte).

2 Étalez la pâte, découpez huit cercles de 10 cm de diamètre et déposez-les sur les pommes, dans chaque cocotte. Remettez à cuire 30 min.

3 Laissez les cocottes refroidir complètement, puis faites-les réchauffer rapidement afin de faciliter le démoulage des tartes. Servez immédiatement avec de la crème fraîche épaisse.

De père en filles

Héritier de cinq générations de cuisiniers, **Michel Rostang**, chef très respecté, a popularisé des plats gourmands et réconfortants comme le sandwich aux truffes ou la quenelle de brochet soufflée qu'il tenait de son père Jo. Une saga que ses filles continuent d'écrire, maintenant à la tête de ses bistrots et brasseries.

Trois bouteilles pour le bon accord

UN JURANÇON
Idéal avec un dessert à base de fruits, ce vin moelleux est un must grâce au travail exigeant de Gil Schefchen et Marie-Blanche Laouénan.
La Céleste, domaine Bellauc, à partir de 20 €.

UN CIDRE
Cette cuvée presque vineuse dévoile un bel équilibre entre acidité et rondeur. Une bouteille d'exception prisée des grandes tables.
Sydre Argelette, Éric Bordelet, à partir de 12,90 €.

UN VOUVRAY
Fin et élégant, ce vin blanc s'ouvre en bouche sur des arômes de fruits et finit en distillant une belle acidité. Le compagnon parfait du sucré.
Le Haut-Lieu moelleux, domaine Huet, à partir de 30 €.

STAUB

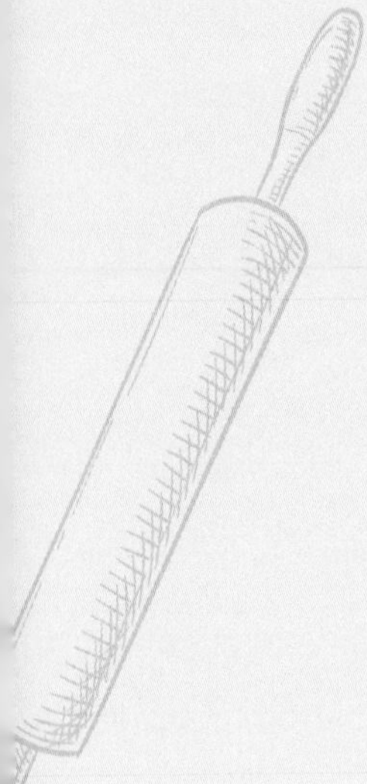

Il était une fois… nos desserts préférés !

Quand vient l'heure du dessert, chacun a ses préférences : les uns ne jurent que par le chocolat, les autres se damneraient pour une tarte au citron. Leur évocation peut aussi bien nous rappeler des souvenirs d'enfance que nous faire saliver par la seule allusion à leurs ingrédients. Voici une petite ronde des desserts emblématiques pour vous en raconter l'histoire…

LA TARTE AU SUCRE DU NORD

Même si ses origines sont lointaines (on en trouve les premières traces à la Renaissance en Italie), c'est au XIXe siècle qu'elle se répand dans le Nord de la France. Pourquoi ? Parce que Napoléon ayant imposé un blocus aux Anglais en 1806 pour les appauvrir, les marchandises qu'ils transportaient, dont la canne à sucre, n'arrivaient plus sur le continent. Pour la remplacer, le procédé d'extraction du sucre de la betterave est amélioré et des raffineries sont installées à proximité des champs de ce légume, qui pousse particulièrement bien dans le Nord.

LE CLAFOUTIS AUVERGNAT

Aussi appelé « millard » en Auvergne, le clafoutis est originaire du Limousin. Son étymologie est très imagée : elle résulte d'un croisement entre une ancienne forme du verbe « foutre » et de l'ancien français « claufir » qui veut dire « fixer avec un clou ». Mais quel est le rapport entre un clou et les cerises ? Eh bien, une fois le gâteau cuit, les cerises ressemblent à des têtes de clou qui affleureraient d'une planche.

L'île flottante : elle n'est pas celle que l'on croit

La préparation appelée « île flottante » inventée par Auguste Escoffier vers la fin du XIXe siècle repose bien sur de la crème anglaise, mais elle n'a que cela en commun avec les « œufs à la neige » d'aujourd'hui ! En effet l'île en question se compose entre autres de confiture d'abricot, de crème montée, d'un biscuit de Savoie, de kirsch, d'amandes et pistaches effilées…

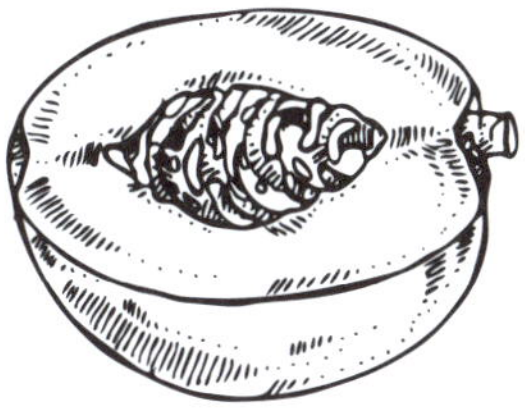

LA PÊCHE MELBA

Cette fois-ci, c'est pour célébrer quelqu'un que ce dessert a été créé par Auguste Escoffier : la cantatrice australienne Nellie Melba. Cette coupe glacée a été inventée et servie en 1892, alors qu'Escoffier était chef au Savoy, à Londres, où Nellie Melba chantait *Lohengrin* à Covent Garden.

Escoffier fit apporter des pêches pochées sur un lit de glace à la vanille, installées entre les ailes d'un cygne taillé dans un bloc de glace, en clin d'œil au chevalier au cygne dont le personnage de Lohengrin est une variation.

LE PARIS-BREST : DE L'ÉNERGIE POUR LA COURSE

Sa forme de roue de vélo est incontournable dans une vitrine de pâtisserie. À l'époque de sa création, en 1910, les courses cyclistes sont à leurs débuts et en pleine expansion (la première édition du Tour de France a eu lieu en 1903). Tous les moyens sont bons pour promouvoir ce sport, même les gâteaux ! Le journaliste Pierre Giffard, organisateur de la course Paris-Brest-Paris, demande alors au pâtissier Louis Durand de Maisons-Laffitte, où la course passait, d'élaborer un gâteau en l'honneur de celle-ci : ce sera une pâte à chou disposée en cercle, fourrée d'une crème pralinée et surmontée d'amandes.

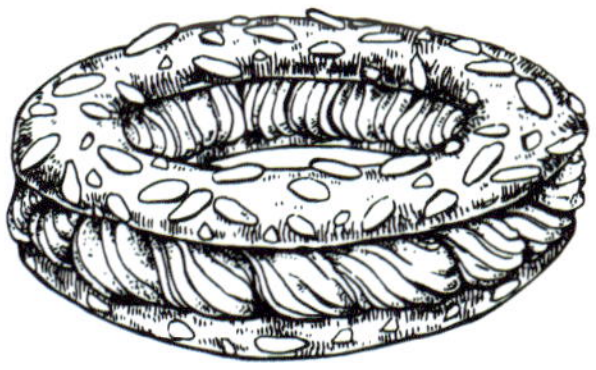

L'opéra : qui l'a créé ?

L'histoire de ce gâteau remonte à la seconde moitié du XXe siècle. Sa paternité a longtemps été disputée entre Gaston Lenôtre et Cyriaque Gavillon (maison Dalloyau). Ce dernier souhaitait réaliser un gâteau dont une seule bouchée suffirait à diffuser toutes ses saveurs, ce qu'il fit en 1955. Quant à son nom, ce serait son épouse Andrée qui l'aurait donné en l'honneur des danseuses qui effectuaient des entrechats dans la boutique située non loin de l'opéra Garnier.

LA FORÊT-NOIRE, LOIN DE LA FORÊT

Il existe bien un dessert à la crème, au kirsch et aux cerises originaire du massif de la Forêt-Noire en Allemagne. Mais en 1915, le pâtissier Josef Keller, alors qu'il travaille au Café Arhend à Bad Godesberg, dans la région de Bonn et Cologne (donc bien loin de la région d'origine du dessert), a l'idée de reprendre cette recette pour l'améliorer. Il y ajoute une base en pâte sablée (qui avec le temps, deviendra des couches de biscuit génoise au cacao), et surtout des copeaux de chocolat qui rendent ce gâteau si reconnaissable. Les couleurs de celui-ci serait un hommage au costume traditionnel des jeunes femmes célibataires de la région : le noir du chocolat faisant référence à leur jupe ; le blanc de la chantilly, à leur chemisier ; et le rouge de la cerise au « bollenhut », leur chapeau !

UNE MADELEINE : DEUX FEMMES

Commercy se proclame capitale de la madeleine car c'est peut-être dans son château qu'elle a été inventée. Seulement, deux femmes différentes lui auraient donné son nom. La première, Madeleine Simonin, dans les années 1660, cuisinière du cardinal de Retz ; la seconde, Madeleine Paumier, en 1755, cuisinière de la marquise Perrotin de Baumont, qui aurait confectionné à la hâte des petits gâteaux pour le roi de Pologne Stanislas Leszczynski. Dans les deux cas, les douceurs plaisent tant qu'on les baptise du nom de leurs créatrices. Une chose est presque sûre, la madeleine est lorraine. Encore que certaines traditions la fassent venir d'Espagne, soit de Saint-Jacques-de-Compostelle, soit rapportée par Napoléon…

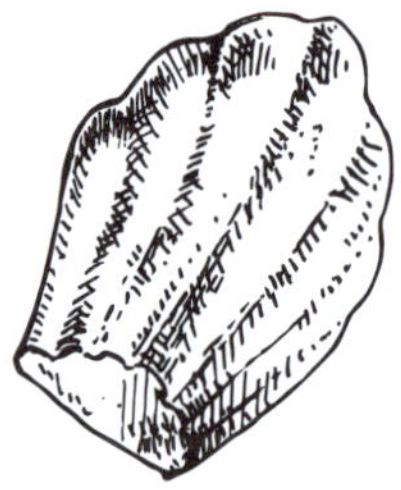

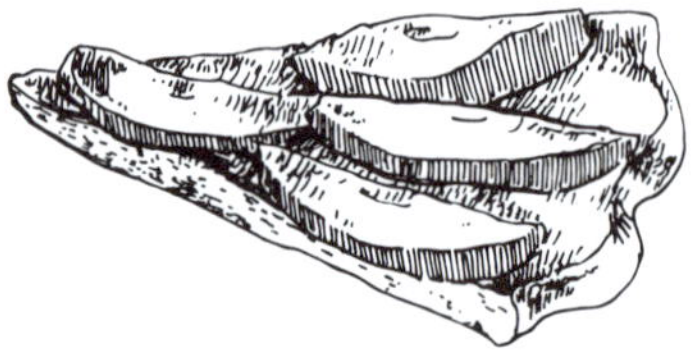

LA TARTE TATIN : ENQUÊTE SUR LES SŒURS…

Disons-le tout de suite, on trouve des recettes anciennes de cette préparation, bien avant la naissance des sœurs Tatin en 1838 et 1847. Même si leur auberge à Lamotte-Beuvron est réputée à la fin du XIXe siècle, la diffusion des légendes concernant l'invention de ce dessert est en réalité très récente. C'est dans les années 1970 que l'anecdote de l'oubli prend son essor : l'une des sœurs discutant avec un client, aurait omis de mettre la pâte au fond du moule et, pour rattraper son erreur, aurait dû improviser en la mettant au-dessus. Quant à la légende de l'accident, c'est-à-dire de la tarte qui échappe des mains et se retourne, elle est encore plus récente car elle émerge seulement dans les années 1980.

Le saint-honoré : un nom tout trouvé !

Pour ceux qui pâtissent à la maison, le nom d'Auguste Julien Chiboust n'est pas inconnu puisqu'il a donné son nom à une crème (indispensable à la réalisation du saint-honoré !) constituée de crème pâtissière allégée grâce à l'incorporation de blancs d'œufs montés. Mais pourquoi le saint-honoré s'appelle-t-il ainsi ? Parce que ce pâtissier avait sa boutique installée rue… Saint-Honoré à Paris et que ce saint est le patron des boulangers.

LES FRAISES À LA CUSSY : LE RETOUR EN GRÂCE

Ce dessert assez simple à réaliser se compose de fraises fraîches coupées et marinées dans du champagne et du sucre, accompagnées d'une crème fouettée aromatisée au champagne également.
Le marquis Louis de Cussy était préfet du palais sous Napoléon Ier. À la disparition de ce dernier, il a réussi à conquérir les papilles de Louis XVIII, qui ne voulait pas entendre parler de lui au départ, grâce à cette recette !

LE PAIN PERDU ET… ANCIEN

Déjà consommé par les Romains, le pain perdu traverse les siècles du Moyen Âge, durant lequel il est appelé « pain ferré » (cette dénomination perdure encore dans certaines régions de France) pour arriver dit-on à la table d'Henri IV, qui l'aimait beaucoup. Autrefois repas du pauvre en permettant d'accommoder les restes de pain rassis, il est de nos jours un mets mis à l'honneur sous forme gastronomique à travers des pains perdus à base de brioche, par exemple.

Le pudding ou « pain de chien »

Véritable institution en Angleterre où il en existe des versions salées, le « *Christmas pudding* » est un véritable plat de fête aux ingrédients onéreux. À l'inverse, il existe une variante permettant d'utiliser le pain rassis, le « *bread pudding* » que l'on retrouve aussi dans le Nord de la France, où il est appelé « pain de chien ».

LE CANNELÉ ET LE VIN

L'histoire du cannelé est assez difficilement retraçable, son ancêtre pourrait être une pâtisserie confectionnée par les sœurs du couvent des Annonciades à Bordeaux au XVIIIe siècle ou bien une spécialité aujourd'hui disparue, le canaule ou canaulé, un pain de farine et de jaune d'œufs. L'autre hypothèse de la création du cannelé aurait un lien avec l'élaboration du vin. En effet, les viticulteurs utilisent beaucoup de blanc d'œuf pour clarifier celui-ci à travers une opération appelée « collage ». Cela consiste à faire agglomérer au blanc d'œuf les particules en suspension qui sont ainsi facilement soustraites du vin. Que faire alors avec le jaune d'œuf restant ? Des cannelés, bien sûr !

La crème chantilly : Vatel évite la pénurie !

Même si, en réalité, c'est au XIXe siècle que l'appellation « à la Chantilly » est popularisée, on attribue à François Vatel l'invention de cette préparation quand il officiait, au milieu du XVIIe siècle, dans les cuisines du château de Chantilly. En 1671, lors d'une réception en l'honneur de Louis XIV, la crème serait venue à manquer. Devant cette pénurie, Vatel aurait alors eu l'idée de fouetter le peu de crème qui restait pour la faire foisonner et pouvoir ainsi servir tous les invités.

RECETTE POUR	PRÉPARATION	CUISSON	RÉFRIGÉRATION
6 PERSONNES	25 MINUTES	25 MINUTES	2 HEURES

La tarte au chocolat

de Jean-Paul Hévin

INGRÉDIENTS

Pâte

105 g de beurre mou
65 g de sucre glace
20 g d'amandes en poudre
1 pincée de vanille en poudre
1 œuf
175 g de farine
20 g de chocolat à 70 %
1 pincée de sel

Ganache

170 g de chocolat à 70 %
25 cl de crème fleurette
15 g de miel

1 Préparez la pâte : mélangez le beurre, le sucre glace, les amandes en poudre, la vanille et le sel. Incorporez l'œuf, puis la farine et le chocolat fondu au bain-marie jusqu'à obtenir un mélange homogène. Couvrez d'un film alimentaire et laissez-la reposer 2 h au frais.

2 Préchauffez le four à 180 °C. Étalez la pâte au rouleau pour former un disque fin. Placez-le dans un moule de 22 cm de diamètre. Enfournez pour 20 min, puis laissez refroidir.

3 Préparez la ganache : placez le chocolat haché dans un saladier. Faites bouillir la crème avec le miel, puis versez-les sur le chocolat en mélangeant, jusqu'à ce que la préparation soit homogène. Versez sur le fond de tarte et laissez refroidir.

Le pape du chocolat

Star au Japon et référence pour les amateurs de chocolats en France, ce Meilleur Ouvrier de France a remporté quasiment tous les titres imaginables. **Jean-Paul Hévin** a même décroché, en octobre 2023, à Milan, celui de Meilleur Chocolatier du Monde !

RECETTE POUR	PRÉPARATION	CUISSON	RÉFRIGÉRATION
4 PERSONNES	35 MINUTES	25 MINUTES	12 HEURES

Le gâteau au chocolat

de Christophe Michalak

INGRÉDIENTS

Chantilly

30 cl de crème liquide
200 g de chocolat au lait

Dacquoise

3 blancs d'œufs
80 g de sucre glace
50 g de noisettes en poudre
35 g d'amandes en poudre
20 g de sucre en poudre
½ pincée de sel

Croustillant

10 g de beurre
30 g de chocolat au lait
60 g de pâte de noisettes
60 g de praliné noisette
60 g de Gavottes
1 poignée d'éclats de noisettes grillées

1 La veille, préparez la chantilly : faites bouillir la crème et versez-la sur le chocolat en morceaux. Mélangez et réservez une nuit au frais. Le jour même, montez en chantilly au batteur ou au robot. Placez dans une poche munie d'une douille.

2 Préchauffez le four à 170 °C. Préparez la dacquoise : montez les blancs d'œufs en neige très ferme. Mélangez les autres ingrédients, puis ajoutez-les aux blancs. Versez dans un cercle à pâtisserie de 20 cm de diamètre placé sur une plaque couverte de papier sulfurisé, lissez et enfournez pour 20 min.

3 Préparez le croustillant : faites fondre le beurre et le chocolat dans une casserole. Ajoutez la pâte de noisettes, le praliné et les Gavottes concassées. Versez sur la dacquoise démoulée et parsemez d'éclats de noisettes. Pochez la chantilly et dégustez !

Le pâtissier très gourmand

Christophe Michalak est à la tête de plusieurs pâtisseries, à Paris et Neuilly (Hauts-de-Seine) ainsi qu'au Japon. On y trouve ses joyeuses créations, tantôt originales, à l'image de son « Bounty » chocolat-coco, tantôt classiques comme sa religieuse au caramel et beurre salé.

RECETTE POUR	PRÉPARATION	CUISSON
4 PERSONNES	15 MINUTES	12 MINUTES

Le soufflé au chocolat

de Mathieu Pacaud

INGRÉDIENTS

200 g de chocolat noir
4 jaunes d'œufs
8 blancs d'œufs
80 g de sucre semoule

1 Préchauffez le four à 190 °C. Préparez un bain-marie en portant une casserole d'eau à ébullition et en déposant par-dessus un saladier en inox (ou en utilisant une autre casserole, plus petite). Faites-y fondre le chocolat coupé en petits morceaux. Avant qu'il ne devienne trop liquide, incorporez-y les jaunes d'œufs au fouet.

2 Montez fermement les blancs en neige au batteur, puis ajoutez-y le sucre et battez-les à nouveau pour les raffermir (serrez les blancs). Incorporez les blancs au mélange jaunes-chocolat.

3 Beurrez et sucrez des ramequins de 10 cm de diamètre et de 6 cm de haut pour que le soufflé grimpe bien le long des parois. Remplissez les moules aux trois quarts. Lissez à l'aide d'une spatule et essuyez les bords. Enfournez pour 9 min. Attention, n'ouvrez pas le four pendant la cuisson. Servez aussitôt.

L'insatiable

Mathieu Pacaud est le fils du triple étoilé Bernard Pacaud avec qui il a travaillé au restaurant l'Ambroisie (Paris 4e). Il s'est ensuite lancé avec succès, en créant, reprenant ou conseillant de belles tables, comme les célèbres restaurants Apicius (Paris 8e), Divellec (Paris 7e) ou dernièrement Laurent (Paris 8e).

Trois bouteilles pour le bon accord

UN VIN DOUX NATUREL
Avec ses notes d'amande et de noix, ce maury tuilé, à la jolie robe terre cuite, se marie idéalement avec le soufflé.
Cuvée Vin doux rêveur, domaine La Préceptorie, à partir de 20 €.

UN COTEAUX-DE-MURVIEL
Légèrement boisé, ce vin rouge séduit avec ses tanins patinés et ses notes d'épices douces.
Les Gravières du Taurou, domaine de Ravanès, à partir de 32 €.

UN CHAMPAGNE
Une cuvée tout en finesse et en fraîcheur, réalisée à partir de chardonnay, de pinot noir et de pinot meunier.
Champagne Thiénot brut, à partir de 39 €.

RECETTE POUR	PRÉPARATION	RÉFRIGÉRATION	CUISSON
12 PETITS MŒLLEUX	20 MINUTES	10 MINUTES	10 À 12 MINUTES

Les mœlleux au chocolat

de Stéphane Bonnat

INGRÉDIENTS

250 g de chocolat à 75 %
(ou, idéalement, 1 tablette de chocolat à cuire à 60 % Bonnat)
250 g de beurre
5 jaunes d'œufs
5 œufs
125 g de sucre en poudre
80 g de farine
50 g de praliné noisette

1 Faites fondre le chocolat et le beurre au bain-marie, puis réservez-en 80 g. Mélangez les jaunes d'œufs et les œufs avec le sucre en réalisant un sabayon au fouet ou au batteur. Incorporez le mélange chocolat-beurre au sabayon. Lorsque la texture est homogène, ajoutez la farine et mélangez de nouveau. Laissez poser au frais 10 min environ.

2 Préchauffez le four à 180 °C. Mélangez les 80 g de chocolat-beurre avec le praliné tiède. Remplissez des moules à cupcakes ou muffins aux trois quarts en ajoutant au centre un cœur de pâte chocolat-praliné à l'aide d'une poche à douille ou d'une cuillère à soupe. Enfournez pour 10 à 12 min : les moelleux doivent être cuits mais le cœur doit rester coulant. Démoulez et servez tiède.

L'aventurier du chocolat

Fils, petit-fils et arrière-petit-fils de chocolatiers-confiseurs, **Stéphane Bonnat** aurait pu se contenter de gérer en paisible héritier l'illustre entreprise familiale qui porte son nom. Mais, il n'en est rien. Il sillonne la planète à la recherche des plus grands crus et va ainsi à la rencontre de petits producteurs qu'il soutient.

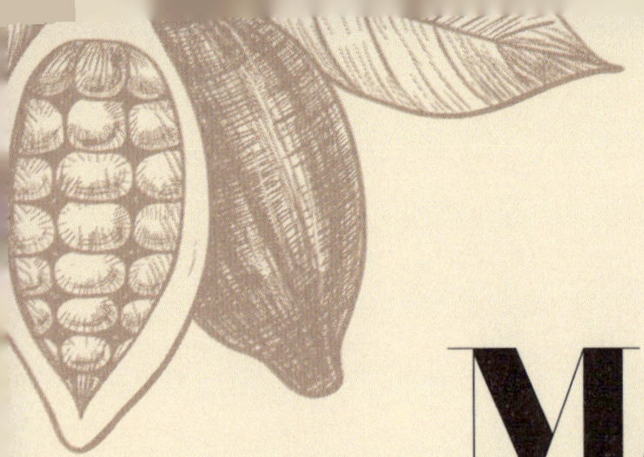

Maison Bonnat

le cacao dans le sang

Établie à Voiron en Isère, la chocolaterie Bonnat subjugue depuis plus de cent quarante ans le palais des amateurs de cacao. De la culture des cacaoyers à la vente du produit fini, en passant par la torréfaction des fèves, la magie est affaire de qualité et de précision chez les Bonnat !

UNE AFFAIRE QUI DURE DEPUIS 1884

Tout commence avec Félix Bonnat. Issu d'une famille de liquoriste-confiseur et fabricant de desserts, il fonde en 1884 son propre atelier de chocolatier torréfacteur. C'est lui l'inventeur du célèbre pavé de Voiron, petit cube composé de trois couches : un praliné aux noisettes entre deux couches de praliné aux amandes. Depuis, ses descendants n'ont cessé de créer et d'innover.

Ainsi, Armand et Gaston, ses fils, vont être les premiers en 1934 à obtenir l'autorisation d'utiliser la Chartreuse pour leurs chocolats à la liqueur. Quant à Raymond (fils de Gaston), il sera le premier en 1984 à proposer des tablettes « grands crus de cacao » dont les fèves sont rigoureusement sélectionnées. Le plum cake moscovite, la souris, la bûche au chocolat, le Mentchikoff sont autant de créations qui ont émaillé l'histoire de la maison Bonnat et que l'on peut encore goûter.

LE *BEAN TO BAR* : *MADE IN* BONNAT !

Les premiers dirigeants de la maison Bonnat n'en étaient pas encore à faire pousser leurs propres cacaoyers mais ils avaient déjà compris qu'un bon chocolat passait d'abord par le choix rigoureux des fèves de cacao. Ainsi, Félix a sans doute été le premier chocolatier à aller les sélectionner directement dans les plantations à travers le monde.

Cette façon de procéder a été désignée plus tard par l'expression « *bean to bar* » (de la fève à la tablette). Mais ce processus est aussi à l'origine de la conception de formidables machines novatrices qui composent les ateliers de fabrication de la maison Bonnat.

Les amateurs de patrimoine industriel peuvent encore y découvrir un casse-cacao tarare (machine servant à casser les fèves de cacao, puis à séparer les coques de celles-ci) qui date de 1883 et qui fonctionnait jusque dans les années 2000.

C'est sans doute cela qui résume l'esprit de la maison Bonnat depuis ses débuts : un chocolat à la qualité incomparable grâce à l'inventivité et la recherche perpétuelle de nouvelles idées.

STÉPHANE BONNAT, AVENTURIER DU CACAO…

Tout repose désormais sur les épaules de Stéphane qui a pris la tête de l'entreprise en 1998. Comme le montre la carte des pays producteurs de cacao, les possibilités de voyages dans le monde sont immenses. Se concentrant principalement sur l'Amérique (mais pas seulement), il effectue pas moins de cinquante voyages par an, soit plus de cinq mois de l'année. C'est ce qui lui permet de découvrir de nouvelles saveurs, discuter avec ses producteurs partenaires et contrôler la qualité du cacao qu'il utilise dans ses créations.

Dans les années 2010, il a même réussi à dénicher au Mexique le cacaoyer le plus vieux du monde, grâce à l'aide de descendants des Mayas. Cette recherche, motivée par la quête du goût originel du cacao (celui utilisé par les populations précolombiennes), l'incite à remettre en culture cette variété menacée d'extinction pour faire découvrir son goût prononcé en fruits et en café au plus grand nombre.

… ET PROTECTEUR DE L'ENVIRONNEMENT

À cette quête de nouvelles saveurs, s'ajoute celle de la préservation de la nature. Preuve en est l'une des dernières créations de l'artisan, le chocolat Kuna-Balam. Le cacao qui le compose provient d'une partie d'une plantation mexicaine qui a été fermée un certain temps afin de ne pas perturber la naissance d'un petit jaguar. Cet événement a été l'occasion d'y découvrir des cacaoyers anciens et spéciaux à l'origine de cette création.

La conscience environnementale de Stéphane Bonnat se traduit également par son implication dans le programme Rainforest Alliance (une ONG encourageant la préservation de la biodiversité) afin d'inscrire la consommation de chocolat dans une démarche à la fois gustative, sociale et écologique.

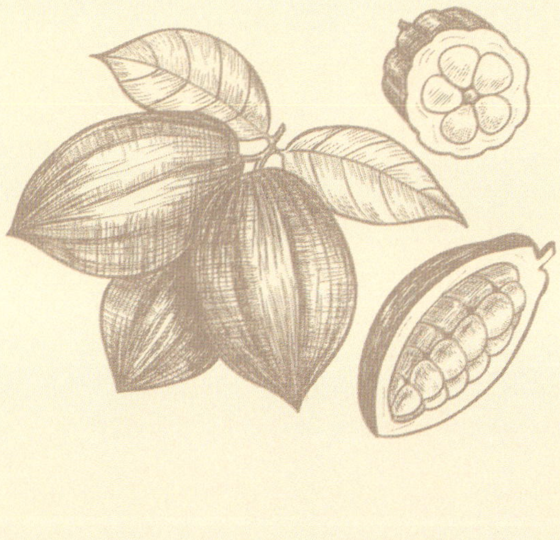

Chocolat et maths

43 %

C'est le pourcentage minimum de cacao que doit contenir un chocolat pour pouvoir être qualifié de « noir ».

100 %

Un chocolat composé de cacao… et rien d'autre ! De fortes sensations gustatives en perspective…

0 %

C'est le taux de cacao en poudre du chocolat blanc, qui n'est fabriqué qu'à partir du beurre de cacao (minimum 20 %).

RECETTE POUR	PRÉPARATION	RÉFRIGÉRATION	CUISSON
16 COOKIES	30 MINUTES	1 HEURE	12 MINUTES

Les cookies

de Grégory Marchand

INGRÉDIENTS

280 g de pépites de chocolat
90 g de cacahuètes salées
170 g de beurre
100 g de sucre brun
100 g de sucre blond
100 g de sucre en poudre
1 œuf
1 jaune d'œuf
2 c. à café d'extrait de vanille
300 g de farine
1 petite pincée de bicarbonate de soude
1 pincée de sel

1 Préchauffez le four à 170 °C. Hachez grossièrement les cacahuètes au couteau. Faites fondre le beurre jusqu'à ce qu'il prenne une couleur noisette.

2 Mélangez le beurre noisette et les sucres au batteur, jusqu'à l'obtention d'une préparation homogène. Ajoutez en plusieurs fois l'œuf et le jaune d'œuf préalablement battus avec la vanille.

3 Ajoutez la farine, le bicarbonate et le sel. Mélangez en vitesse faible jusqu'à l'obtention d'une préparation compacte. Ne travaillez pas trop la pâte. Ajoutez les pépites de chocolat et les cacahuètes hachées. Mélangez bien.

4 Sur une plaque couverte de papier sulfurisé, déposez seize petits tas de pâte d'environ 75 g chacun. Espacez-les bien pour qu'ils ne se collent pas en cuisant. Filmez et laissez 1 h au frais, puis enfournez pour 12 min de cuisson.

Le « frenchie »

Grégory Marchand a baptisé ses restaurants Frenchie en référence au surnom donné par le chef britannique Jamie Oliver quand ils travaillaient ensemble. À la tête d'une table étoilée à Paris, de bistrots en France, à Londres et en Suisse, d'un bar à vin et d'une cave, il a ouvert, en 2024, une adresse italienne remarquée par la critique : l'Altro Frenchie (Paris 2e).

RECETTE POUR	PRÉPARATION	CUISSON
12 FINANCIERS	15 MINUTES	25 MINUTES

Les financiers à la noisette

de Nina Métayer

INGRÉDIENTS

30 g de noisettes entières
50 g de noisettes en poudre
135 g de sucre glace
55 g de farine
1,5 g de levure chimique
125 g de blancs d'œufs (3 gros)
12 g de miel
1 gousse de vanille
75 g de beurre fondu
1 g de sel

1. Concassez les noisettes entières. Torréfiez séparément les noisettes en poudre et les noisettes concassées dans un four à 150 °C pendant 10 min. Laissez refroidir.
2. Mélangez les noisettes en poudre, le sucre glace, le sel, la farine, la levure et les blancs d'œufs. Ajoutez le miel, les graines de la gousse de vanille, puis le beurre.
3. Préchauffez le four à 180 °C. Remplissez de pâte un moule à financiers, préalablement beurré, jusqu'aux trois quarts. Parsemez de noisettes concassées et enfournez pour 15 min.

La double championne

Nina Métayer a remporté, en 2023, le titre mondial de Meilleure Pâtissière de l'année, décerné par l'Union Internationale des Boulangers et Pâtissiers et, en 2024, ce même titre, cette fois attribué par le fameux *World's 50 Best Restaurants* !

Trois bouteilles pour le bon accord

UN ROSÉ PÉTILLANT
Un vin mousseux bio originaire de la côte roannaise, à l'équilibre parfait entre fruit et notes acidulées.
Éclipse, domaine des Pothiers, à partir de 16,50 €.

UN PINOT GRIS
Un nez associant poire et pomme et de belles saveurs fruitées pour ce blanc d'Alsace plein de fraîcheur
Clos des Capucins, domaine Weinbach, à partir de 25 €.

UN RHUM ARRANGÉ
Pour une douceur en fin de repas, ce rhum délicatement aromatisé à la vanille fera office de digestif.
Vanille des tropiques, distillerie Rivière du Mât, à partir de 19,90 €.

RECETTE POUR	PRÉPARATION	RÉFRIGÉRATION	CUISSON
25 MADELEINES	15 MINUTES	2 HEURES	10 MINUTES

Les madeleines au miel

de Cédric Grolet

INGRÉDIENTS

2 œufs
5 cl de lait
160 g de beurre
25 g de miel + pour servir
100 g de sucre en poudre
165 g de farine
½ sachet de levure chimique

1 Sortez les œufs et le lait du réfrigérateur afin qu'ils soient à température ambiante. Faites fondre le beurre. Arrêtez-le quand il commence à se colorer et à dégager une odeur de noisette. Filtrez-le dans un chinois ou un torchon. Versez le beurre, recueilli dans un récipient, sur le miel. Mélangez.

2 Dans un saladier, mélangez les œufs, le sucre et le lait. Dans un autre, mélangez la farine et la levure, puis tamisez. Incorporez le mélange farine-levure dans le saladier où se trouvent les œufs, le sucre et le lait. Ajoutez le mélange beurre-miel. Remuez. Laissez reposer 2 h au frais.

3 Préchauffez le four à 210 °C. Remplissez des moules à madeleines aux trois quarts de pâte. Enfournez les madeleines 3 min, puis tournez la plaque du four et poursuivez la cuisson encore 3 min. Éteignez le four 1 min, puis rallumez-le à 210 °C. Laissez cuire jusqu'à la coloration souhaitée.

4 Sortez les madeleines du four et démoulez-les. Attendez 2 min et garnissez de miel. Dégustez dans les 5 min pour un plaisir maximum.

La rockstar du sucré

Notamment grâce à sa géniale idée de pâtisseries en trompe-l'œil aux formes de fruits sculptés que l'on s'arrache et qui font fureur sur les réseaux sociaux, **Cédric Grolet**, la toque sucrée du célèbre hôtel Meurice (Paris 1er) fait désormais figure de rockstar du sucré !

Le miel
dans tous ses états

Pain d'épices, nonnette, zlabia… autant de préparations qui nécessitent du miel dans leur fabrication. Comme de nombreux produits du terroir, il existe une infinité de goûts et de textures selon les fleurs butinées par les abeilles. De belles découvertes en perspective !

Miel de printemps

Il s'agit le plus souvent d'un miel « toutes fleurs » qui ne fleurissent qu'en cette saison.
En plus du miel d'été, et selon les régions et les variétés florales, les apiculteurs parviennent aussi à récolter des miels d'automne.

La propolis, un ciment cicatrisant !

Mélange de cire, de salive et de sucs extraits de bourgeons, c'est une substance multiusage pour les abeilles : mortier, colle, nettoyant.
Pour nous, elle possède des vertus cicatrisantes, renforce les défenses immunitaires et soulage les maux de gorge, par exemple !

L'IMPORTANCE DE LA FLEUR

Devant un présentoir de pots de miel, le dégradé des couleurs est incroyable, allant du beige clair au marron foncé en passant par les orangés. Ces teintes sont en grande partie dues aux fleurs que les abeilles ont butinées – châtaigner, acacia, lavande, tournesol, sapin, bruyère… – et qui donnent leurs goûts caractéristiques aux miels.

Ces différentes fleurs vont aussi être à l'origine de la fluidité du miel, allant du liquide (miel d'acacia) au visqueux (miel de bruyère et de callune). En revanche, la texture (crémeuse, solide…) est due à l'âge du miel : au moment de sa récolte, un miel est toujours liquide, puis il se cristallise progressivement dans le temps. D'ailleurs, s'il a trop cristallisé, il suffit de le chauffer légèrement (moins de 36 °C, la température d'une ruche) au bain-marie pour qu'il retrouve sa texture d'origine.

LES ABEILLES, OUVRIÈRES INDÉPENDANTES !

Seules, les abeilles s'arrangent très bien pour fabriquer du miel dans la nature. Le travail de l'apiculteur consiste à placer les ruches à des endroits stratégiques (forêts, prairies…) au moment il y aura le plus de fleurs et en particulier celles qui l'intéressent pour obtenir le goût qu'il souhaite donner à son miel.

Les abeilles se nourrissent de pollen et récoltent le nectar des fleurs – un suc qu'elles secrètent – pour le transformer en miel qu'elles stockent dans des alvéoles de cire, organisées en rayons. Ce stockage est conçu au départ comme une réserve destinée à nourrir les larves d'abeilles pendant l'hiver, quand la végétation est au repos.

Une fois les alvéoles remplies de miel, il est temps pour l'apiculteur de le récolter. Après avoir ôté délicatement les opercules qui les recouvrent, il installe les rayons dans une centrifugeuse pour en extraire le miel, celui-ci est filtré, décanté, puis mis en pot.

ÉTAPES DE RÉCOLTE DU MIEL

EXTRACTION DES RAYONS DE LA RUCHE PAR L'APICULTEUR

COUPE DES OPERCULES RECOUVRANT LES ALVÉOLES

CENTRIFUGATION DES RAYONS POUR EN FAIRE SORTIR LE MIEL

FILTRAGE ET DÉCANTATION DU MIEL POUR ÉLIMINER LES IMPURETÉS

MISE EN POTS

CARTE DES DIFFÉRENTS MIELS

Il existe une variété impressionnante de miel en France, selon les variétés de fleurs présentes sur le territoire.

- Miel de châtaignier
- Miel de causse
- Miel de colza
- Miel de tournesol
- Miel de metcalfa (forêt)
- Miel de printemps Corse (clémentinier, asphdèle)
- Miel de montagne
- Miel de maquis (bruyères, arbousier)
- Miel de tilleul
- Miel de forêt
- Mel d'acacia
- Miel de trèfle
- Miel de sapin
- Miel de bourdaine
- Miel de ronce
- Miel de sarrasin
- Miel de callune et bruyères
- Miel de luzerne
- Miel de lavande
- Miel de garrigue (thym, romarin)
- Miel de saule
- Miel de bruyère Erica
- Lierre

Source : ADA France

Miel des villes, un environnement propice !

L'installation de ruches urbaines s'est développée ces dernières années. À Paris on estime la densité à 10 ruches au kilomètre carré, tandis qu'elle est de 2,5 ruches en moyenne nationale. Disposées sur les toits des immeubles, leurs abeilles peuvent aussi bien aller butiner les fleurs des arbres que celles des jardins publics ou encore des friches. Étonnamment, les insectes sont souvent en meilleure santé en ville, et le miel de bonne qualité, car ils subissent moins la pression de l'agriculture intensive et de ses pesticides nocifs pour eux.

RECETTE POUR	PRÉPARATION	CUISSON
40 CHOUQUETTES	45 MINUTES	25 MINUTES

Les chouquettes à la vanille

de Christelle Brua

INGRÉDIENTS

Chouquettes

12,5 cl de lait
12,5 cl d'eau
112 g de beurre
10 g de sucre semoule
135 g de farine
4 œufs
100 g de sucre en grains
1 pincée de sel

Mousseline

4 jaunes d'œufs
120 g de sucre semoule
20 g de poudre à crème (ou de fécule de maïs)
30 cl de lait
12 cl de crème liquide à 35 % de matière grasse
2 gousses de vanille
120 g de beurre
2 feuilles de gélatine

1 Préparez les chouquettes : préchauffez le four à 180 °C. Portez à ébullition le lait, l'eau, le beurre, le sel et le sucre semoule. Ajoutez la farine tamisée et remuez. Hors du feu, ajoutez les œufs un à un. La pâte doit être homogène, souple et lisse. Laissez-la refroidir, puis versez-la dans une poche munie d'une douille unie de 8 mm de diamètre. Sur une plaque de cuisson recouverte de papier sulfurisé, dressez des dômes de la taille d'une belle noix en les espaçant régulièrement. Recouvrez chaque dôme de sucre en grains, puis faites cuire 20 min au four. Laissez refroidir, puis réservez au sec.

2 Préparez la mousseline : battez les jaunes d'œufs, le sucre et la poudre à crème jusqu'à ce que le mélange blanchisse. Faites chauffer le lait, la crème et les gousses de vanille fendues et grattées. Portez à ébullition et ajoutez le mélange aux jaunes d'œufs. Laissez bouillir 30 secondes. Hors du feu, ajoutez le beurre et la gélatine. Passez au chinois et placez au frais.

3 Une fois que les chouquettes et la mousseline ont bien refroidi, coupez les têtes des chouquettes et garnissez-les de crème avec une poche à douille.

Madame Cacao

Cheffe pâtissière du restaurant triplement étoilé Le Pré Catelan (Paris 16e) pendant seize ans, Championne du Monde de pâtisserie 2018, ex-cheffe pâtissière de l'Élysée, **Christelle Brua** a inauguré Madame cacao (Paris 6e) en 2023, une boutique dédiée à sa passion pour le chocolat.

RECETTE POUR	PRÉPARATION	CUISSON	REPOS	RÉFRIGÉRATION
15 BEIGNETS ENVIRON	20 MINUTES	3 MINUTES	2 HEURES	12 HEURES

Les beignets
à la fleur d'oranger
de Julien Alvarez

INGRÉDIENTS

2,5 cl d'eau de fleur d'oranger
250 g de farine T45
25 g de sucre en poudre
12 g de levure de boulanger fraîche
4 petits œufs
1 cl d'eau
150 g de beurre à température ambiante
Huile de friture
Mélange de sucre et de cannelle
2 pincées de sel

1 La veille, dans la cuve d'un batteur, placez la farine, le sel, le sucre, la levure, les œufs, l'eau et la fleur d'oranger. Pétrissez à l'aide du crochet pendant 5 min sur la première vitesse. Ajoutez le beurre en petits morceaux, puis pétrissez encore 10 min. La température à cœur de la pâte doit être de 25 °C. Laissez reposer la pâte 2 h à température ambiante. Farinez le plan de travail. Étalez la pâte en un carré épais, puis rabattez les coins vers le centre plusieurs fois afin de former une boule. Réservez 12 h au frais.

2 Le jour même, faites chauffer l'huile jusqu'à 180 °C. Réalisez des boulettes de pâte de 25 g et faites-les frire 3 min environ en les retournant régulièrement. Égouttez-les sur du papier absorbant et roulez-les dans un mélange de sucre et de cannelle avant de déguster.

La toque sucrée de Ladurée

Champion de Monde de pâtisserie 2011, **Julien Alvarez** est, depuis le printemps de cette même année, le chef pâtissier de la très célèbre maison Ladurée. Fondée en 1862, elle revendique, entre autres, la création du macaron en 1930.

Trois thés pour le bon accord

QUATRE FRUITS ROUGES
Mélange de thés d'Asie aux arômes de framboise, fraise, cerise et groseille.
Betjeman & Barton,
à partir de 6,20 € les 100 g.

WEDDING IMPERIAL
Des saveurs chocolatées et caramélisées pour ce mélange conçu à partir d'un thé noir indien d'Assam.
Mariage Frères,
à partir de 12 € les 100 g.

FLEUR DE JASMIN
Léger, ce thé vert de Chine, agrémenté de bourgeons argentés, est subtilement parfumé au jasmin.
Palais des Thés,
à partir de 8 € les 100 g.

RECETTE POUR	PRÉPARATION	CUISSON	REPOS
20 GAUFRES	40 MINUTES	25 MINUTES	12 HEURES

Les gaufres à la chantilly chocolatée

de Pierre Marcolini

INGRÉDIENTS

50 g de chocolat noir
45 cl de crème liquide à 35 % de matière grasse
15 g de levure de boulanger fraîche
10 cl d'eau tiède
425 g de farine
25 g de sucre en poudre
12,5 cl de lait en poudre écrémé
60 cl d'eau
220 g de beurre fondu
3 blancs d'œufs
1 pincée de sel

1 La veille, préparez la chantilly chocolatée : hachez le chocolat au couteau. Dans une casserole, faites chauffer 15 cl de crème sans la faire bouillir, puis versez-la sur le chocolat. Couvrez. Attendez 5 min, puis mélangez à l'aide d'une cuillère en bois. Laissez reposer 12 h au frais.

2 Le jour même, effritez la levure dans l'eau tiède. Versez la farine dans un saladier et creusez un puits au centre pour y placer la levure diluée. Ajoutez le sucre, le lait en poudre et l'eau. Mélangez. Incorporez le beurre fondu et refroidi dans la pâte, puis ajoutez délicatement les blancs montés en neige bien ferme avec le sel.

3 Réalisez les gaufres en faisant cuire la pâte dans un gaufrier. Servez-les légèrement refroidies avec la chantilly au chocolat.

Le Bruxellois

Cet italien d'origine né en Belgique est, par-dessus tout, passionné de chocolat. Il a d'ailleurs été une des figures d'une nouvelle génération promouvant le « bean to bar », c'est-à-dire la fabrication depuis la fève jusqu'à la tablette. En 2020, **Pierre Marcolini** a reçu le titre très envié de Meilleur Pâtissier du Monde.

Trois bouteilles pour le bon accord

UNE BIÈRE AMBRÉE
Rafraîchissante comme une blonde et complexe comme une brune, avec des arômes d'orange et d'épices.
Ambrée, brasserie Leffe, à partir de 3,40 € les 75 cl

UNE BIÈRE BLONDE
Avec ses notes citronnées, cette bière bruxelloise très légère est le choix idéal pour accompagner des gaufres.
Taras Boulba, brasserie de la Senne, à partir de 2,90 € les 33 cl.

UN MORGON
Coup de cœur de Pierre Marcolini, ce vin aux arômes de griotte se marie à merveille avec le chocolat.
Cuvée Côte du Py, domaine Jean Foillard, à partir de 30 €.

Liège, Lille ou Bruxelles : le combat des gaufres !

Il faut reconnaître qu'à part leur mode de cuisson qui leur donne leur aspect alvéolé, ces trois-là n'ont rien à voir entre elles. Mais une chose les rassemble : à la première bouchée, elles nous plongent dans l'ambiance de cette région si attachante qui s'étend du Nord de la France à la Belgique…

UNE HISTOIRE DE RECETTES

Ce qui saute aux yeux face à ces trois gaufres, c'est la pluralité des formes. La gaufre bruxelloise est rectangulaire, la liégeoise est plutôt ovoïde, tandis que la lilloise (appelée également « gaufre flamande » car elle est produite dans toute la Flandre, aussi bien du côté français que du côté belge) est allongée et possède des bords arrondis. Mais, pour cette dernière, il existe une multitude de formes de moules à gaufre, il est possible d'en manger en forme de cœur, par exemple.

Du point de vue de l'épaisseur, la gaufre de Liège et celle de Bruxelles sont à peu près similaires. En revanche, leur texture est bien différente : la première est assez compacte et très tendre, tandis que la seconde est légère et croustillante sur les bords quand elle sort juste du gaufrier. Quant à la gaufre de Lille, tout est plus petit chez elle, des carreaux gaufrés à l'épaisseur, et elle se révèle un peu plus sèche que les deux autres.

Ces différences tiennent à la recette de chacune. La gaufre de Liège est réalisée à partir d'une pâte levée très riche en beurre, alors que la pâte de la gaufre bruxelloise est liquide et aérée du fait du mélange de lait et d'œufs battus en neige. La recette de la gaufre flamande se rapproche de celle de la bruxelloise, mais on ne monte pas les blancs en neige et le gaufrier très fin (issu des moules à oublies et hosties du Moyen Âge), induit une cuisson beaucoup plus rapide et intense.

La collection des gaufriers

On conserve des gaufriers du Moyen Âge sur lesquels sont gravés des dessins représentant des personnages connus, des paysages, des motifs… On y faisait cuire des oublies, une sorte de gaufrette sans matière grasse qui ressemble à celle des cornets de glace. Certaines personnes collectionnent ces objets, le poète André Breton notamment, qui en avait accumulé quatre-vingt-six différents !

Vous prendrez bien une galette ?

Si un Belge vous fait cette proposition, ne vous attendez pas à de la pâte feuilletée, de la frangipane et une fève mais bien à une gaufre car c'est son autre nom outre-Quiévrain.

NATURE, FOURRÉE, GARNIE…

La gaufre lilloise : la secrète…

Plus fine et sèche que les deux autres, elle renferme néanmoins une surprise… à la sortie du moule, elle est fourrée traditionnellement avec de la vergeoise, un sucre non raffiné issu de la betterave. Mais d'autres parfums existent, comme un fourrage à la vanille, à la confiture ou même au beurre mélangé à du sucre.

La gaufre bruxelloise : l'impudique !

Elle ne cache rien et expose au grand jour toutes les garnitures que l'on peut répandre dessus : fruits frais, coulis, glace, chocolat, chantilly… Il y en a pour tous les goûts, il existe même désormais des versions salées pour faire tout un repas à base de gaufres.

La gaufre de Liège : nature peinture !

Cette dernière fait pour sa part preuve de simplicité : elle se consomme nature car elle se suffit à elle-même avec sa richesse en beurre et en sucre perlé. Néanmoins, certains cuisiniers, à l'image de la gaufre bruxelloise, s'amusent à de nouvelles créations comme le « hamburgaufre », le pain du burger étant remplacé par deux gaufres de Liège (non sucrées, évidemment !).

Des origines incertaines

Comme pour beaucoup de spécialités culinaires, il n'est pas évident de retracer précisément les origines des gaufres. Celle de Liège serait peut-être apparue au XVIIIe siècle, comme celle de Bruxelles mais dont la recette aurait été inventée à Gand… Quoi qu'il en soit, c'est au XIXe siècle qu'elles commencent à être popularisées et devenir un emblème de leurs régions d'origine.

LES BONNES ADRESSES !

Il ne vous reste plus qu'à vous rendre sur place pour les goûter !

Pour une gaufre flamande, direction Lille, chez Méert, le spécialiste incontesté ! Vous pourrez découvrir toutes sortes de parfums de fourrage (spéculoos ou citron, entre autres). N'hésitez pas aussi à explorer la Flandre, Cassel et les villages alentours, notamment durant la saison de carnaval : il existe de nombreux producteurs locaux.

À Bruxelles, la valeur sûre reste la Maison Dandoy, la plus ancienne biscuiterie bruxelloise, qui propose des gaufres dans la plus pure tradition. Si le côté salé vous intrigue, le restaurant Peck 47 (rue du Marché aux Poulets) offre plusieurs recettes originales de gaufres, à commander notamment sous la forme d'un brunch.

Enfin, l'institution de la gaufre de Liège se trouve évidemment dans cette ville, il s'agit de la Maison Massin. Mais si le hamburgaufre vous séduit, il faudra vous rendre à Mons, chez Waffles & Go.

RECETTE POUR	PRÉPARATION	CUISSON
4 PERSONNES	1 HEURE	20 MINUTES

Le pain perdu

de Cyril Lignac

INGRÉDIENTS

Caramel

160 g de sucre semoule
30 cl de crème liquide entière
200 g de noisettes torréfiées et concassées

Pain perdu

4 tranches de brioche mousseline
25 cl de lait entier
35 g de sucre semoule + pour saupoudrer
3 œufs
2 gousses de vanille
25 g de beurre
Quelques poires au sirop

1 Préparez le caramel : dans une première casserole, versez le sucre et formez un caramel blond. Dans une seconde casserole, versez la crème et faites-la bouillir. Hors du feu, versez délicatement la crème chaude dans le caramel en veillant à ne pas vous brûler. Faites réduire si besoin ; le caramel ne doit pas être trop liquide. Ajoutez les noisettes et réservez. Au moment de servir, le caramel doit être fondant et chaud mais pas brûlant.

2 Préparez le pain perdu : mélangez le lait, le sucre, les œufs et les graines des gousses de vanille. Plongez chaque tranche de brioche dans cette préparation. Égouttez-les sur une grille. Faites fondre le beurre dans une poêle, posez-y les tranches de brioche. Saupoudrez de sucre et laissez blondir des deux côtés en les arrosant du caramel qui se forme dans la poêle.

3 Retirez le pain perdu et disposez-le dans les assiettes, ajoutez des cubes de poires au sirop tièdes et 1 c. de caramel aux noisettes.

L'hyperactif

À la tête de restaurants comme Le Chardenoux (Paris 11e) et Ischia (Paris 15e), mais aussi, en grand fan de sucré qu'il est, de pâtisseries et chocolateries, il faut s'accrocher pour suivre Cyril Lignac entre deux émissions de télévision !

RECETTE POUR	PRÉPARATION	CUISSON	REPOS
6 PERSONNES	20 MINUTES	2 MINUTES	12 HEURES

La mousse au chocolat

de Philippe Bernachon

INGRÉDIENTS

150 g de chocolat noir à 55 %, 62 % ou 75 %
125 g de lait demi-écrémé
3 œufs
50 g de sucre en poudre

1. Mettez le chocolat dans un saladier en métal. Faites chauffer le lait dans une casserole. Versez-le bien chaud sur le chocolat. Mélangez jusqu'à l'obtention d'un mélange homogène.
2. Séparez les blancs des jaunes d'œufs. Montez, au batteur ou au fouet, les blancs en neige, puis incorporez le sucre petit à petit. Ajoutez les jaunes au mélange chocolat-lait. Incorporez ensuite délicatement les blancs en neige à l'aide d'un fouet, et mettez la mousse obtenue dans le contenant souhaité.
3. Réservez 12 h au frais. Sortez la mousse en début de repas pour révéler pleinement le goût du chocolat.

Le chocolatier lyonnais

Dans la capitale des Gaules, **Philippe Bernachon**, petit-fils de Paul Bocuse, continue de faire rayonner la pâtisserie-chocolaterie familiale qui vient d'ailleurs de fêter ses soixante-dix ans. Cette institution est, entre autres, réputée pour ses fabuleux chocolats, son gâteau Président ou ses bouchées Palet d'or.

Trois rouges pour le bon accord

UN CÔTES-DU-RHÔNE
Stéphane Ogier élabore, outre ses côtes-rôties, ce grenache estampillé côtes-du-rhône au rapport qualité-prix incroyable.
Cuvée Le Temps est venu, domaine Stéphane Ogier, à partir de 11 €.

UN SAINT-JOSEPH
Ce rouge, crée à partir de vieille syrah, a des parfums de fruits rouges, de violette et une finale épicée.
Cuvée du Papy, domaine Stéphane Montez, à partir de 26,50 €.

UN FLEURIE
Un beaujolais complexe aux arômes fruités et fleuris, auquel les tanins apportent un agréable velouté.
Cuvée Clos de la Grand'Cour, domaine de la Grand'Cour, à partir de 25 €.

RECETTE POUR	PRÉPARATION	CUISSON
6 PERSONNES	35 MINUTES	2 MINUTES

Le tiramisu
à la crème battue en chantilly
de Guy Krenzer

INGRÉDIENTS

12 biscuits à la cuillère
17 g de café moulu du Guatemala + pour le décor
20 cl d'eau
90 g de crème fleurette à 35 % de matière grasse bien froide
1 gros jaune d'œuf
45 g de sucre semoule
90 g de mascarpone

1. Faites bouillir l'eau, attendez 5 min et ajoutez le café. Laissez infuser 4 min, puis filtrez.
2. Battez la crème en chantilly. Dans un autre récipient, battez le jaune d'œuf avec le sucre jusqu'à ce qu'il blanchisse. Battez le mascarpone, puis incorporez-y le mélange jaune d'œuf et sucre. Ajoutez ensuite la chantilly.
3. Déposez un ou plusieurs morceaux de biscuits à la cuillère au fond d'une tasse d'environ 5,5 cm de diamètre et 6 cm de haut. Imbibez avec 1,5 cl de café. Déposez 15 g de mousse mascarpone, remettez un ou plusieurs morceaux de biscuit et imbibez de 1,5 cl de café. Déposez de la mousse mascarpone et décorez la surface en saupoudrant un peu de café moulu.

Le double de talent

Directeur de la création et chef exécutif de Lenôtre, le plus célèbre traiteur de France, **Guy Krenzer**, alsacien pur sucre, est un des très rares chefs à avoir obtenu deux fois le titre de Meilleur Ouvrier de France, charcutier-traiteur en 1988 et cuisinier en 1996.

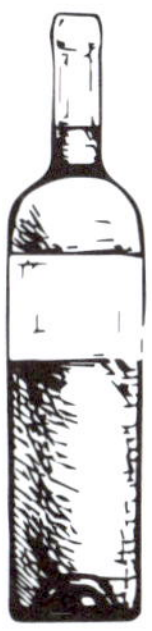

Trois boissons pour le bon accord

UN CAFÉ
Le Chitul-Tirol Coban du Guatemala, réputé pour sa douceur, son arôme de miel et ses notes de chocolat, est idéal.
La Caféothèque, à partir de 14 € les 200 g.

UN MADÈRE
Doux et onctueux, ce vin liquoreux séduit avec ses arômes de fruits secs, de noix et de caramel.
Cuvée Malmsey 5 ans, Blandy's, à partir de 18 €.

UN RIVESALTES
Ce vin gourmand et charmeur mêle arômes de malt, de tourbe et de fruits cuits.
Domaine de Rancy, à partir de 20 €.

RECETTE POUR	PRÉPARATION	CUISSON	RÉFRIGÉRATION
6 PERSONNES	30 MINUTES	45 MINUTES	2 HEURES

Le riz au lait

de Christian Etchebest

INGRÉDIENTS

140 g de riz rond
1 l de lait entier
2 gousses de vanille
70 g de sucre en poudre

Caramel

100 g de sucre en poudre
5 g de beurre
12 cl de crème liquide

Crème fouettée

15 cl de crème liquide à 35 % de matière grasse
15 g de sucre glace

1 Mettez le riz dans une casserole d'eau, portez à ébullition et égouttez aussitôt. Faites chauffer le lait avec les gousses de vanille fendues et le sucre, et ajoutez-y le riz. Laissez cuire à frémissement 30 min en remuant régulièrement. Une fois qu'il est cuit, réservez le riz 2 h au frais.

2 Préparez le caramel : mettez le sucre dans une casserole à feu moyen jusqu'à ce qu'il brunisse. Ajoutez le beurre, puis incorporez la crème liquide. Faites cuire 3 min, puis laissez refroidir.

3 Préparez la crème fouettée : versez la crème liquide à 35 % dans un saladier, puis placez-le au frais jusqu'à ce qu'il soit froid. Placez le saladier dans un autre, plus grand, rempli de glaçons. Fouettez doucement la crème au batteur, puis en accélérant jusqu'à ce que son volume augmente de trois quarts. Ajoutez le sucre glace et fouettez jusqu'à ce qu'elle tienne sur le fouet. Incorporez délicatement la crème dans le riz au lait bien froid. Servez le caramel à part.

Le roi des bistrots

Christian Etchebest n'a pas de lien de parenté avec le chef star Philippe Etchebest. Dans ses bistrots, La Cantine du Troquet, dont quatre sont à Paris et un à Pau, il est l'ambassadeur d'une cuisine bistronomique généreuse et de qualité souvent inspirée de son Sud-Ouest natal.

Trois vins pour le bon accord

UN PATRIMONIO
Une bouche dense, des notes d'épices douces et de fruits noirs : le vin corse d'Antoine Arena est remarquable !
Cuvée Carco rouge, domaine Antoine-Marie Arena, à partir de 25 €.

UN BUGEY
Réalisé à partir de gamay et de poulsard selon une méthode ancestrale, ce rosé pétillant titre à 7,5°. Fruité, gourmand et léger.
Cerdon, domaine Renardat-Fache, à partir de 14 €.

UN VIN DU SUD-OUEST
Un blanc produit dans la région natale de Christian Etchebest par un couple de passionnés. Sec et aromatique.
Osez l'Escudé, cuvée Colombard-gros manseng, domaine Caubet, à partir de 7,15 €.

RECETTE POUR	PRÉPARATION	CUISSON
6 PERSONNES	40 MINUTES	10 MINUTES

L'île flottante

d'Anne-Sophie Pic

INGRÉDIENTS

Crème anglaise à la vanille

35 cl de lait entier
10 cl de crème liquide
1 gousse de vanille
80 g de jaunes d'œufs (4)
70 g de sucre en poudre

Blancs en neige

150 g de blancs d'œufs (5)
90 g de sucre semoule
35 g de pralines roses + pour décorer
2 g de zestes de citron

1 Faites chauffer le lait et la crème dans une casserole avec la gousse de vanille fendue en deux. Dans un saladier, mélangez les jaunes d'œufs et le sucre, ajoutez le lait chaud, puis remettez le tout dans la casserole. Faites cuire lentement à feu doux en mélangeant sans arrêt à l'aide d'une maryse. Quand la crème anglaise épaissit (si vous avez un thermomètre de cuisine à disposition, la température de la crème anglaise doit atteindre 83 °C), ôtez la casserole du feu, puis laissez refroidir l'appareil rapidement en plaçant la crème dansun « bain-marie » d'eau froide. Retirez la gousse de vanille quand la crème est froide.

2 Préchauffez le four à 150 °C. Montez les blancs d'œufs en neige avec le sucre. Incorporez-y délicatement les pralines roses concassées avec les zestes de citron. Sur un plat qui peut aller au four, déposez avec une grosse cuillère les blancs en neige. Faites cuire au four 5 min environ.

3 Versez dans des verrines la crème anglaise, puis disposez les blancs en neige dessus et parsemez de pralines roses.

L'unique femme triple étoilée

Originaire de Valence, **Anne-Sophie Pic** est la représentante d'une lignée de quatre générations de cuisinières et de cuisiniers qui a commencé avec son arrière-grand-mère Sophie. Elle est aujourd'hui la seule femme en France à être couronnée de trois étoiles.

RECETTE POUR	PRÉPARATION	RÉFRIGÉRATION	CONGÉLATION
1 LITRE	30 MINUTES	12 HEURES	1 HEURE 30

La glace à la vanille de Tahiti et au citron de Menton

de David Wesmaël

INGRÉDIENTS

35 cl de lait entier
20 cl de crème liquide à 35 % de matière grasse
2 gousses de vanille de Tahiti
120 g de sucre semoule
40 g de lait écrémé en poudre
3 jaunes d'œufs
160 g de jus de citron de Menton

1 Placez un saladier au réfrigérateur. Dans une casserole, versez le lait entier et la crème. Ajoutez les gousses de vanille fendues et grattées, puis faites chauffer à feu moyen. Avec un thermomètre de cuisine, vérifiez la température. Tout en fouettant régulièrement, ajoutez, à 20 °C, le sucre et le lait en poudre, puis, à 30 °C, les jaunes d'œufs. Continuez à fouetter jusqu'à ce que le mélange frémisse, puis versez la préparation dans le saladier et replacez-le au frais.

2 Lorsque le mélange est froid, ajoutez le jus de citron et mixez. Laissez infuser une nuit au frais. Pour obtenir la texture glace, placez le mélange au congélateur pendant 15 min, puis fouettez-le. Répétez l'opération quatre ou cinq fois.

Le maître glacier

David Wesmaël est Meilleur Ouvrier de France glacier et Champion du Monde 2006 de pâtisserie par équipe. Dans ses boutiques La Glacerie à Paris et Lille, ses glaces ultra-naturelles toujours fraîchement turbinées se distinguent par la subtilité de leurs parfums, qu'ils soient classiques ou plus créatifs.

Carnet d'adresses des chefs

Julien Alvarez

LADURÉE PARIS ROYALE
16-18, rue Royale
75008 Paris
T. 01 42 60 21 79

LADURÉE PARIS CHAMPS ÉLYSÉES
75, avenue des Champs Élysées
75008 Paris
T. 01 40 75 08 75

Autres adresses et informations sur
www.laduree.fr

Frédéric Anton

LE PRÉ CATELAN
Bois de Boulogne
75016 Paris
T. 01 44 14 41 14
restaurant.leprecatelan.com

LE JULES VERNE
2e étage de la tour Eiffel
Avenue Gustave Eiffel
75007 Paris
T. 01 83 77 34 34
www.restaurants-toureiffel.com

Juan Arbelaez

YAYA SECRÉTAN
33, avenue Secrétan
75019 Paris
T. 01 42 41 12 86
www.yayarestaurant.com

Autres adresses et informations sur
www.juan-arbelaez.com

Armand Arnal

LA CHASSAGNETTE
Mas de la Chassagnette
Route du Sambuc
13200 Arles
T. 04 90 97 26 96
www.chassagnette.fr

Virginie Basselot

RESTAURANTS LE CHANTECLER ET LA ROTONDE
LE NEGRESCO
37, promenade des Anglais
06000 Nice
T. 04 93 16 64 00
www.hotel-negresco-nice.com

Paul-Arthur Berland

PAUL ARTHUR
23-25, place de la pucelle
76000 Rouen
T. 02 35 71 19 54
www.paul-arthurrestaurant.fr

Philippe Bernachon

BERNACHON LYON
42, cours Franklin Roosevelt
69006 Lyon
T. 04 78 24 37 98

BERNACHON PARIS
127, rue de Sèvres
75006 Paris
T. 01 88 33 79 59

Autres adresses et informations sur
www.bernachon.com

Georges Blanc

RESTAURANT GASTRONOMIQUE GEORGES BLANC
Place du marché
01540 Vonnas
T. 04 74 50 90 90

Autres adresses et informations sur
www.georgesblanc.com

Stéphane Bonnat

BONNAT CHOCOLATIER
8, cours Senozan
38500 Voiron
T. 04 76 05 28 09

189, rue du Faubourg Saint-Honoré
75008 Paris
T. 01 45 61 02 58

bonnat-chocolatier.com

Éric Bouchenoire

ATELIER JOËL ROBUCHON ÉTOILE
133, avenue des Champs-Élysées
75008 Paris
T. 01 47 23 75 75
atelier-robuchon-etoile.com

Alexandre Bourdas

SAQUANA
22, place Hamelin
14600 Honfleur
T. 02 31 89 40 80
alexandre-bourdas.com

Pierre Sang Boyer

IN OBERKAMPF
55, rue Oberkampf
75011 Paris
T. 09 67 31 96 80

ON GAMBEY
6, rue Gambey
75011 Paris
T. 09 67 31 96 80

Autres adresses et informations sur
pierresang.com

Fabio Bragagnolo

CASADELMAR
Route de Palombaggia
20137 Porto-Vecchio
T. 04 95 72 34 34
www.casadelmar.fr

Christelle Brua

CHOCOLATERIE MADAME CACAO
10, rue du Cherche-Midi
75006 Paris
T. 01 43 35 31 75
madamecacao.fr

Benoît Castel

BENOÎT CASTEL MÉNILMONTANT
150, rue de Ménilmontant
75020 Paris
T. 01 46 36 13 82

Autres adresses et informations sur
benoitcastel.com

Mauro Colagreco

LE MIRAZUR
30, avenue Aristide Briand
06500 Menton
T. 04 92 41 86 86

Autres adresses et informations sur
www.mirazur.fr

Christian Constant

LES COCOTTES ARC DE TRIOMPHE
Sofitel Paris Arc de Triomphe
2, avenue Bertie Albrecht
75008 Paris
T. 01 53 89 50 53
www.lescocottes-arcdetriomphe.fr

BISTROT CONSTANT
25, rue de l'Usine
82700 Montech
T. 05 63 24 63 02

Autres adresses et informations sur
www.maisonconstant.com

Yann Couvreur

BOUTIQUE YANN COUVREUR PARMENTIER
137, avenue Parmentier
75010 Paris

BOUTIQUE YANN COUVREUR ROSIERS
23 bis, rue des Rosiers
75004 Paris

Autres adresses et informations sur
www.yanncouvreur.com

Jacques Decoret

MAISON DECORET
15, rue du Parc
03200 Vichy
T. 04 70 97 65 06
www.maisondecoret.com

Anthony Denon

LE BAUDELAIRE
Hôtel Le Burgundy Paris
6-8, rue Duphot
75001 Paris
T. 01 71 19 49 11
www.lebaudelaire.com

Adrien Descouls

ORIGINES
Rue du Clos de la Chaux
63500 Le Broc
T. 04 73 71 71 71
restaurant-origines.fr

Alain Ducasse

LE LOUIS XV - ALAIN DUCASSE
Hôtel de Paris
Place du Casino
98000 Monaco
T. +377 98 06 88 64
www.montecarlosbm.com

RESTAURANT ORE
Château de Versailles
Pavillon Dufour – 1er étage
Place d'Armes
78000 Versailles
T. 01 30 84 12 96
www.ducasse-chateauversailles.com

MANUFACTURE CHOCOLAT ALAIN DUCASSE
40, rue de la Roquette
75011 Paris
T. 01 48 05 82 86
www.lechocolat-alainducasse.com

Autres adresses et informations sur www.ducasse-paris.com

Christian Etchebest

LA CANTINE DU TROQUET PERNETY
101, rue de l'Ouest
75014 Paris
T. 01 45 40 04 98

LA CANTINE DE LA SECTION
4, rue du bataillon de Joinville
64320 Bizanos
T. 05 59 33 71 79

Autres adresses et informations sur www.lacantinedutroquet.com

Arnaud Faye

LE BRISTOL PARIS
112, rue du Faubourg Saint-Honoré
75008 Paris
T. 01 53 43 43 00

Informations sur www.oetkercollection.com

Éric Frechon

BRASSERIE LAZARE
Parvis de la Gare Saint-Lazare
Rue Intérieure
75008 Paris
T. 01 44 90 80 80
lazare-paris.fr

LE DRUGSTORE
133, avenue des Champs-Élysées
75008 Paris
T. 01 44 43 77 64
www.restaurant-le-drugstore.com

Autres adresses et informations sur www.eric-frechon.com

Pierre Gagnaire

RESTAURANT PIERRE GAGNAIRE
6, rue Balzac
75008 Paris
T. 01 58 36 12 50
pierregagnaire-lerestaurant.com

Autres adresses et informations sur pierregagnaire.com

Jacques Genin

CHOCOLATERIE JACQUES GENIN
133, rue de Turenne
75003 Paris
T. 01 45 77 29 01

27, rue de Varenne
75007 Paris
T. 01 53 71 72 21

jacquesgenin.fr

Rémy Giraud

Informations sur Instagram @remygiraud41

ANCIEN CHEF DU DOMAINE DES HAUTS DE LOIRE
79, rue Gilbert Navard
41150 Onzain
T. 02 54 20 72 57
www.hautsdeloire.com

Gilles Goujon

AUBERGE DU VIEUX PUITS
5, Avenue St Victor
11360 Fontjoncouse
T. 04 68 44 07 37
www.aubergeduvieuxpuits.fr

Guillaume Goupil

LE CHAMP DES LUNES
Domaine de Fontenilles
Route de Roquefraiche
84360 Lauris
T. 04 13 98 00 00
www.lesdomainesdefontenille.com

Tomy Gousset

TOMY & CO
22, rue Surcouf
75007 Paris
T. 01 45 51 46 93
tomygousset.com/tomy-and-co

HUGO & CO
48, rue Monge
75005 Paris
T. 09 53 92 62 77
tomygousset.com/hugo-and-co/

MARSO & CO
16, rue Vulpian
75013 Paris
T. 01 45 87 37 00
tomygousset.com/marso-and-co/

Sébastien Gravé

LA TABLE SÉBASTIEN GRAVÉ
21, quai Amiral Dubourdieu
64100 Bayonne
T. 05 59 46 94 14
www.latable-sebastiengrave.fr

Cédric Grolet

HÔTEL LE MEURICE
228, rue de Rivoli
75001 Paris
T. 01 44 58 10 10
www.dorchestercollection.com

BOUTIQUE CÉDRIC GROLET - LE MEURICE
6, rue de Castiglione
75001 Paris

BOUTIQUE CÉDRIC GROLET - OPÉRA
35, avenue de l'Opéra
75002 Paris

Autres adresses et informations sur cedric-grolet.com

Éric Guérin

LA MARE AUX OISEAUX
223, rue du Chef de l'Île
44720 Saint-Joachim
T. 02 40 88 53 01
mareauxoiseaux.fr

LE CAFÉ DU MUSÉE
Musée d'Arts de Nantes
10, rue Georges Clémenceau
44000 Nantes
T. 02 51 12 93 09

Autres adresses et informations sur
www.eric-guerin.fr

Christophe Hay

FLEUR DE LOIRE
26, quai Villebois Mareuil
41000 Blois
T. 02 46 68 01 81
www.fleurdeloire.com

Jean-Paul Hévin

BOUTIQUE JEAN-PAUL HÉVIN
108, rue Saint-Honoré
75001 Paris
Tél : 01 84 25 78 59

Autres adresses et informations sur
www.jeanpaulhevin.com

Simon Horwitz

RESTAURANT ELMER
30, rue Notre-Dame-de-Nazareth,
75003 Paris
T. 01 43 56 22 95
elmer-restaurant.fr

Denny Imbroisi

IDA
117, rue de Vaugirard
75015 Paris
T. 01 56 58 00 02
www.restaurant-ida.com

EPOCA
17, rue Oudinot
75007 Paris
T. 01 43 06 88 88
www.epoca.paris

MALRO
7, rue Froissart
75003 Paris
T. 01 42 77 38 47
www.restaurantmalro.fr

Autres adresses et informations sur
denny-imbroisi.com

Philippe Jourdin

Informations sur Instagram
@philippejourdin

ANCIEN CHEF DU DOMAINE DE TERRE BLANCHE
3100, route de Bagnols-en-Forêt
83440 Tourettes
T. 04 94 39 90 00
www.terre-blanche.com

Guy Krenzer

LENÔTRE
44, rue d'Auteuil
75016 Paris
T. 01 45 24 52 52

Autres adresses et informations sur
www.lenotre.com

Patrick Laine

HÔTEL DE PARIS MONTE-CARLO
Place du Casino
98000 Monaco
T. +377 98 06 30 00
www.montecarlosbm.com

Florent Ladeyn

AUBERGE DU VERT MONT
1318, rue du Mont Noir
59299 Boeschepe
T. 03 28 49 41 26
www.vertmont.fr

Autres adresses sur bierbuik.fr
et www.bloempot.fr

Frédéric Larquemin

TRIANON PALACE
1, boulevard de la Reine
78000 Versailles
T. 01 30 84 50 00
www.waldorfastoriaversailles.fr/
trianon-palace

Stéphanie Le Quellec

LA SCÈNE
32, avenue Matignon
75008 Paris
T. 01 42 65 05 61
www.la-scene.paris

MAM
22, rue Fourcroy
75017 Paris
T. 01 45 72 47 49
www.mamparis.com

VIVE, MAISON MER
62, avenue des Ternes
75017 Paris
T. 01 42 94 07 90
www.vive-restaurant.com

William Ledeuil

ZE KITCHEN GALERIE
4, rue des Grands Augustins
75006 Paris
T. 01 44 32 00 32

KITCHEN TER(RE)
26, boulevard Saint Germain
75005 Paris
T. 01 42 39 47 48

Plus d'informations sur
zekitchengalerie.fr

Samuel Lee

Actualité et adresse d'un nouveau
restaurant à venir sur le compte Instagram
@chefleesamuel

Cyril Lignac

RESTAURANT ISCHIA
14, rue Cauchy
75015 Paris
T. 01 45 54 43 43
restaurantischia.com

RESTAURANT AUX PRÉS
27, rue du Dragon
75 006 Paris
T. 01 45 48 29 68
restaurantauxpres.com

LA PÂTISSERIE CYRIL LIGNAC
24, rue Paul Bert
75 011 Paris
lapatisseriecyrillignac.com

Autres adresses et informations sur
cyrillignac.com

Grégory Marchand

FRENCHIE
5, rue du Nil
75002 Paris
T. 01 40 39 96 19
www.frenchie-ruedunil.com

ALTRO FRENCHIE
9, rue du Nil
75002 Paris
T.: 01 42 21 96 92
www.altro-frenchie.com

Autres adresses et informations sur
www.frenchie-restaurant.com

Pierre Marcolini

LA MANUFACTURE - BRUXELLES
39, place du Grand Sablon
1000 Bruxelles
T. + 32 2 513 17 83

BOUTIQUE PIERRE MARCOLINI
89, rue de Seine
75006 Paris
T. 01 44 07 39 07

Autres adresses et informations sur
eu.marcolini.com

Thierry Marx

ONOR PAR THIERRY MARX
258, rue du Faubourg Saint-Honoré
75008 Paris
T. 01 85 61 60 60
www.onor-thierrymarx.com

Autres adresses et informations sur
www.thierrymarx.com
et thierrymarxbakery.fr

Martin Maumet

OKTOBRE
25, rue des Grands Augustins
75006 Paris
T. 01 46 33 00 85
oktobre.fr

Jacques Maximin

Contact et informations sur
www.jacquesmaximin.com

René et Maxime Meilleur

LA BOUITTE
Hameau de Saint Marcel
73440 Saint-Martin-de-Belleville
T. 04 79 08 96 77
www.la-bouitte.com

Autres adresses et informations sur
famillemeilleur.com

Victor Mercier

F.I.E.F.
44, rue de la Folie Méricourt
75011 Paris
T. 01 47 00 03 22
www.fiefrestaurant.fr

Nina Métayer

DÉLICATISSERIE
Halles d'Issy Biltoki
1, rue Rouget de Lisle
92130 Issy-les-Moulineaux
T. 07 63 71 34 83

DÉLICATISSERIE
Printemps du goût
59, rue de Caumartin
75009 Paris

Informations et commandes sur
delicatisserie.com

Christophe Michalak

BOUTIQUE CAFÉ MICHALAK ET ÉCOLE MASTERCLASS
60, rue du faubourg Poissonnière
75010 Paris
T. 01 42 47 87 94

Autres adresses et informations sur
www.christophemichalak.com

Flora Mikula

STEAM BAR (CHEFFE CONSEIL)
2, rue du Sabot
75006 Paris
T. 01 45 48 96 65
www.steambar.fr

MARCELLO (CHEFFE CONSEIL)
8, rue Mabillon
75006 Paris
T. 01 43 26 52 26
www.marcello-paris.com

BLUEBERRY (CHEFFE CONSEIL)
6, rue du Sabot
75006 Paris
T. 01 42 22 21 56
www.blueberrymakibar.com

Informations sur
www.floramikula.com

Clio Modaffari

LA FLIBUSTE
Marina Baie des Anges
06270 Villeneuve-Loubet
T. 04 93 20 59 02
www.restaurantlaflibuste.fr

Christophe Moret

LES CRAYÈRES
64, boulevard Henry Vasnier
51100 Reims
T. 03 26 24 90 00
lescrayeres.com

Olivier Nasti

LA TABLE D'OLIVIER NASTI
9-13, rue du Général de Gaulle
68 40 Kaysersberg
T. 03 89 47 10 17
www.lechambard.fr

Jean-Marc Notelet

RESTAURANT CAÏUS
6, rue d'Armaillé
75017 Paris
T. 01 42 27 19 20
www.caius-restaurant.paris

Gaël Orieux

AUGUSTE
54, rue de Bourgogne
75007 Paris
T. 01 45 51 61 09
www.restaurantauguste.fr

Mathieu Pacaud

APICIUS
20, rue d'Artois
75008 Paris
T. 01 43 80 19 66
restaurant-apicius.com

DIVELLEC
18, rue Fabert
75017 Paris
T. 01 45 51 91 96
www.divellec-paris.fr

LAURENT
41, avenue Gabriel
75008 Paris
T. 01 42 25 00 39
laurent.paris

Autres adresses et informations sur
www.mathieu-pacaud.com

Paul Pairet

ULTRAVIOLET BY PAUL PAIRET
Shanghai (Chine)
uvbypp.cc

NONOS & COMESTIBLES PAR PAUL PAIRET
Hôtel de Crillon
6, rue Boissy d'Anglas
75008 Paris
T. 01 44 71 15 17
www.rosewoodhotels.com

Autres adresses et informations sur
paulpairet.com

Christophe Pelé

LE CLARENCE
31, avenue Franklin Roosevelt
75008 Paris
T. 01 82 82 10 10
www.le-clarence.paris

Anne-Sophie Pic

MAISON PIC
285, avenue Victor Hugo
26000 Valence
T. 04 75 44 15 32

LA DAME DE PIC PARIS
20, rue du Louvre
75001 Paris
T. 01 42 60 40 40

Autres adresses et informations sur
anne-sophie-pic.com

Kelly Rangama

LE FAHAM
108, rue Cardinet
75017 Paris
T. 01 53 81 48 18
lefaham.com

Emmanuel Renaut

FLOCONS DE SEL
1775, route de Leutaz
74120 Megève
T. 04 50 21 49 99
www.floconsdesel.com

Autres adresses et informations sur
emmanuelrenaut.com

Michel Rostang

DESSIRIER
9, place du Maréchal Juin
75017 Paris
T. 01 42 27 82 14
restaurantdessirier.com

LE TRAIN BLEU
Place Louis Armand
1er étage de la Gare de Lyon
75012 Paris
T. 01 43 43 09 06
www.le-train-bleu.com

Autres adresses et informations sur
rostangperefilles.com

Jean-François Rouquette

RESTAURANT PUR'
Hôtel Park Hyatt Paris-Vendôme
5, rue de la Paix
75002 Paris
T. 01 58 71 10 60
www.paris-restaurant-pur.fr

Guy Savoy

RESTAURANT GUY SAVOY
11, quai de Conti
75006 Paris
T. 01 43 80 40 61
www.guysavoy.com

L'ATELIER MAÎTRE ALBERT (AVEC LE CHEF EMMANUEL MONSALLIER)
1, rue Maître Albert
75005 Paris
T. 01 56 81 30 01
www.ateliermaitrealbert.com

LE CHIBERTA (AVEC LE CHEF CLÉMENT LEROY)
3, rue Arsène Houssaye
75008 Paris
T. 01 53 53 42 00
www.lechiberta.com

Nadège Serret

LA PETITE VERRIÈRE
16, avenue de la Bourgade
13610 Le Puy-Sainte-Réparade
T. 04 88 41 74 98
restaurantlapetiteverriere.com

Moïse Sfez

HOMER LOBSTER
21, rue Rambuteau
75004 Paris
T. 06 25 06 16 88

MAURICE SFEZ CAFÉ
14, rue Rambuteau
75 003 Paris

Autres adresses et informations sur
www.homerfoodgroup.com

Christian Têtedoie

RESTAURANT, BISTROT ET ROOFTOP CHRISTIAN TÊTEDOIE
4, rue du professeur Pierre Marion
69005 Lyon
T. 04 78 29 40 10
tetedoie.fr

Patrice Vander

RESTAURANT LES FRESQUES
Hôtel Royal Évian
960, avenue du Léman
74500 Évian-les-Bains
T. 04 50 26 85 00
hotel-royal.evianresort.com

Jean-Pierre Vigato

DISCIPLES
136, boulevard Murat
75016 Paris
T. 01 45 27 39 60
disciples.paris

MARIUS
82, boulevard Murat
75016 Paris
T. 01 46 51 67 80
restaurantmarius.fr

Sylvestre Wahid

HÔTEL LES GRANDES ALPES 1850
28, rue de l'Église
73120 Courchevel
T. 04 79 08 03 35
restaurantsylvestre.com

David Wesmaël

LA GLACERIE
13 rue du Temple
75004 Paris
T. 01 55 43 91 96

LA GLACERIE
2 bis, rue Paul Langevin
59260 Lezennes
T. 03 20 19 41 49

Autres adresses et informations sur
www.laglacerie.fr

Antoine Westermann

LE COQ & FILS
98, rue Lepic
75018 Paris
T. 01 42 59 82 89
lecoq-fils.com

Index des recettes
par ingrédient

S

T

V

Y

Toutes les recettes du livre appartiennent aux chefs mentionnés dans les titres des recettes.

Remerciements de Rémi Dechambre

Je remercie les chefs ainsi que Christine Monin - Directrice de la rédaction du *Parisien Week-end* - et toute son équipe pour leur soutien et leur confiance.

Ceci avec une pensée particulière pour Clara Dupont-Monod et Yolaine de Chanaud qui ont initié et suivi ma rubrique de recettes.

Merci aussi, bien sûr, aux stylistes culinaires, aux photographes, à Clément Saliou pour sa contribution à la rédaction de ces pages ainsi qu'à la maison Larousse et à Bénédicte Bertrand, éditrice de ce livre.

Direction de la publication : Isabelle Jeuge-Maynart et Ghislaine Stora
Direction éditoriale : Émilie Franc et Julie Martin
Direction artistique : Géraldine Lamy
Édition : Bénédicte Bertrand, assistée de Camille Tondeur
Couverture : Clarisse Delande
Conception graphique et mise en pages : Irène Sellier
Rédaction des pages thématiques : Clément Saliou
Préparation de copie et relecture : Fanny Delahaye
Fabrication : Laetitia Messadène

21 rue du Montparnasse, 75006 Paris
ISBN: 978-2-03-606681-6
Imprimé en Espagne par Estella Graficas
Dépôt légal: octobre 2024
336733/01 – 11055647 – août 2024

PAPIER À BASE DE FIBRES CERTIFIÉES

LAROUSSE s'engage pour l'environnement en réduisant l'empreinte carbone de ses livres. Celle de cet exemplaire est de :
2,9 kg éq. CO_2
Rendez-vous sur www.larousse-durable.fr